Prière pour
les temps présents

DU MÊME AUTEUR

Quand la foi fait vivre
Entretiens avec Yves de Gentil-Baichis
Desclée de Brouwer, 2007

(Avec François Ruffin)
Paix intérieure et Paix sociale
Dialogue entre un député et un évêque
sur la spiritualité et la politique
Temps présent, 2018

Olivier Leborgne

Prière pour les temps présents

Éditions du Seuil
57, rue Gaston-Tessier, Paris XIXe

ISBN 978-2-02-150536-8

www.seuil.com

À Florence

À Juliette, Philippe,
et tant d'autres personnes
du Secours catholique ou d'ailleurs
qui m'ont ouvert à une réalité
que je ne connaissais pas
et qui m'impressionnent
par la détermination
de leur engagement

Introduction

Si le département du Pas-de-Calais ne se réduit pas à la ville de Calais (quand bien même elle en est, avec ses 75 000 habitants, la commune la plus peuplée) et si la pastorale des migrants du diocèse ne concerne pas que les personnes exilées qui s'y pressent (le bassin minier, notamment, de Lens à Béthune en passant par Liévin, Hénin-Beaumont, Avion, Carvin et de nombreuses autres communes, a une histoire profondément tissée par l'arrivée répétée de populations venant d'autres pays), la « question de Calais » est celle dont on parle le plus et qui mobilise énormément de forces (qu'elles soient associatives, humanitaires, institutionnelles ou étatiques).

Installé évêque à Arras le 25 octobre 2020, j'ai rapidement été invité, par un prêtre attentif à la situation des personnes exilées, à venir passer une journée à la rencontre de ces personnes et des équipes du Secours catholique qui s'engagent à leur service. « Avant que vous ne soyez trop connu », me précisait-il. C'est donc en décembre de cette même année que je consacrais une journée à découvrir cette réalité. Le matin, je me joignais à « l'aller vers » : des équipes se rendent sur des lieux où se regroupent les migrants afin de nouer contact avec elles, de leur proposer un accompagnement pour diverses démarches administratives et leur indiquer l'existence d'un accueil de jour. Après le déjeuner avec l'équipe du Secours, je participais à cet accueil qui, selon les périodes, accueille entre trois cents et six cents personnes chaque après-midi.

Jusqu'ici, je n'avais pas été immédiatement confronté à l'urgence de la « question migratoire ». Du moins, pas de cette manière-là. Je n'ai pas le souvenir de grands débats en famille sur ces questions, mais la figure de l'étranger n'était pourtant pas absente. Je suis un pur produit de « la laïque et de la communale ». J'ai été au collège à Meulan et au lycée aux Mureaux. J'ai été scout à Aubergenville-Flins (où se situe l'une des usines Renault), et j'ai eu la chance d'avoir pour amis des jeunes de milieux différents de moi et de m'occuper de scouts qui ne venaient pas que de France. Je me souviens en avoir accueilli à la maison, certains traversaient parfois un moment difficile. Et je vois encore mon père partir marcher avec tel ou tel pour essayer de lui offrir un espace de parole et d'attention. Je me souviens aussi de cette personne originaire d'Afrique rencontrée entre la gare Saint-Lazare et l'église Saint-Louis-d'Antin à Paris, venue plusieurs jours à la maison. Mon père avait une grande attention aux personnes fragiles, migrantes ou non. L'Évangile avait une grande place dans sa vie. Et ma mère était en soutien. Peu de discours, donc, mais des actes. Qui ont marqué l'adolescent et le jeune que j'étais.

Je dois reconnaître cependant que je n'étais pas très sensible à ces questions que je gardais à distance. Après une expérience spirituelle forte alors que j'allais avoir 16 ans et quelques années pour la mûrir dont trois années d'études supérieures, je décidais d'entrer au séminaire[1]. Cela a élargi mon regard. Je me souviens très bien, travaillant la « doctrine sociale de l'Église » et lisant un texte de Jean-Paul II sur ces sujets, m'être fait la réflexion : « Mais c'est dingue, sur ces questions le Pape est

1. Le séminaire est le nom donné au lieu où ceux qui le désirent vont discerner l'appel à être prêtre et se former pour cela. À l'époque, ce temps de formation durait six ans, aujourd'hui sept ans, sans compter d'éventuelles années de stage.

plus à gauche que M. Joxe[1]. » Cette réflexion était d'une grande naïveté, j'avais sans doute 22 ans et n'étais pas initié à la chose politique.

Bien que la réalité soit plus complexe, cela fut cependant pour moi l'occasion d'une étape décisive : voir plus loin que le problème du moment et refuser de sacrifier la dignité humaine sur l'autel de l'utilité, du confort ou de la sécurité.

Quelle est l'ambition de ce petit livre ? Des réflexions au fil de l'eau d'un homme qui voudrait être de bonne volonté et d'un évêque qui désire être fidèle à la grâce de son baptême. Peut-être aussi l'écho maladroit mais déterminé du désir que la raison soit réhabilitée : je suis souvent étonné, pour ne pas dire effondré, de voir que tant de responsables politiques ou autres – pour lesquels j'ai pourtant spontanément une profonde estime[2] – ne réfléchissent que de manière affective.

1. À l'époque ministre de l'Intérieur, sous la présidence de M. Mitterrand.

2. Le pape Pie XI disait de la politique, étymologiquement « service de la cité », qu'elle était « la plus haute forme de la charité ». L'amour dont se réclame l'Évangile et dont le Christ est, pour le croyant que je suis, l'incarnation et la plénitude, n'est pas un vague sentimentalisme fleur bleue qui ne concernerait que les relations interpersonnelles, il est l'engagement

Il est facile de stigmatiser l'attitude de tel ou tel fanatique ou de telle ou telle personne migrante qui, dans l'aventure inhumaine de son exil, a perdu tous ses repères et commet des forfaits objectivement condamnables pour émouvoir et appuyer des législations qui ne respectent pas la dignité de la personne humaine.

Le temps est venu de prendre du recul, prendre distance. Non pas taire les affects, mais ne pas en être prisonniers, et élargir le champ, approfondir la perspective.

Qu'est-ce qui se joue vraiment dans ces affaires ? Nous abdiquons trop souvent la *réflexion en raison* et l'authentique débat d'idées[1], qui sont pourtant indispensables à la construction d'une société à hauteur d'homme. Aussi surprenant que cela puisse

---

déterminé de la liberté, dans la justice et la vérité pour le bien de chacun et de tous. Ainsi, l'amour est politique ou il n'est pas.

1. Notre capacité à dialoguer, à échanger, à argumenter s'étiole. Ce n'est pas nouveau. C'est inquiétant. Je me souviens d'un éditorialiste d'un grand quotidien du soir qui, au moment du débat sur le Pacs, parlait de « lepénisation des esprits » à propos de tous ceux qui y étaient opposés. Il n'y a pas de meilleure façon de disqualifier celui avec lequel on débat, de le stigmatiser pour refuser d'accueillir de lui tout argument, et de tuer ainsi toute éthique de la discussion.

paraître à ceux qui réduisent la religion à quelques superstitions, les catholiques veulent s'engager dans la vie sociale pour réhabiliter la raison si malmenée aujourd'hui.

Florence, ma sœur jumelle, est décédée quelques mois avant que je sois nommé à Arras. Médecin, elle avait choisi de s'installer à Trappes pour être disponible aux plus démunis. À ce titre elle a soigné un certain nombre de personnes migrantes, en situation régulière ou non. Un mois avant sa mort encore, elle allait remplir des Caddies de nourriture pour soutenir des familles en exil.

Femme passionnée, il me semble qu'elle a voulu nous dire avec insistance : « Cessez de tergiverser, l'Évangile ce n'est pas pour demain, c'est pour aujourd'hui ! » Évêque depuis plus de huit ans, je m'interroge à mon tour sur mes engagements et le statut de la parole de l'évêque. Jusqu'où, et à partir de quand ? Jusqu'où je n'ai pas de parti à prendre – je suis serviteur de l'Évangile et pas d'une idéologie ou d'une autre, et encore moins de mes propres opinions ? À partir de quand dois-je oser une parole, quitte à risquer mon confort ou ma réputation ?

Il y a des paroles hâtives, il y a des silences coupables. Et je pense très souvent à Mgr Saliège, archevêque de Toulouse, et à la lettre écrite de sa main « sur la personne humaine », lue à sa demande dans toutes les églises de son diocèse le 23 août 1942, dénonçant la politique des autorités et prenant la défense des Juifs.

Saurais-je, le moment venu, avoir le même courage ? Non pas par impulsivité, mais bien au nom de l'Évangile, pour la défense de la personne humaine.

L'évêque est ministre de la Communion dans son diocèse, cela demande beaucoup de délicatesse. Mais la communion qu'il sert auprès des chrétiens n'est pas celle du consensus (trop souvent mou, voire démissionnaire) mais celle qui naît de l'union au Christ et du don de l'Esprit saint qui convoque l'Église à assumer sa mission prophétique au cœur du monde. Elle ne peut faire l'économie de la recherche de la vérité.

À force de vouloir plaire au monde ou à un certain monde, je crains que nous n'affadissions la puissance de l'Évangile et la transformions en « un peu d'eau tiède dans un verre sale »[1].

1. Christian Bobin, *Autoportrait au radiateur*, Gallimard, 1997, dans une formule décapante par laquelle il décrivait une homélie qu'il venait d'entendre.

Noël

J'ai eu la grande joie de célébrer la messe de Noël, le 24 décembre 2021 au soir, parmi des migrants érythréens en attente d'Angleterre, à Calais, là même où ils établissent leur logement précaire. Un barnum sur un parking, en bordure d'un champ et d'une haie d'arbres, à l'ombre de laquelle ils ont installé leurs tentes. Nous ne les voyons pas, mais elles sont juste là, derrière la haie d'arbres qui borde le champ. Quelques personnes tapent sans conviction dans un ballon fatigué, certaines discutent entre elles, d'autres s'activent de leur côté pour finir de préparer la célébration.

Philippe Demeestère, prêtre jésuite, aumônier du Secours catholique et habitant de Calais très engagé depuis longtemps au service des personnes exilées, m'avait interpellé début novembre. Il avait entrepris, avec deux autres personnes, une grève de la faim pour protester contre les conditions de vie des personnes exilées et le traitement qui leur était réservé. Cette grève de la faim avait un écho médiatique inattendu, bien plus fort que tout ce que nous avions entrepris jusqu'ici. Ce jour-là, à quelques heures de terminer cette action, il me lance : « Viendriez-vous célébrer la messe de Noël sur le terrain, avec nous ? » J'ignore encore si sa demande était spontanée ou non. Était-ce une boutade, un défi ? J'ai immédiatement répondu « oui ».

Mon impulsivité est parfois mauvaise conseillère, je le sais, mais ici l'enjeu humain, spirituel et pastoral m'est apparu tout de suite. Prendre du temps avec les personnes exilées, leur manifester une proximité gratuite, même passagère ; les rejoindre, elles auxquelles l'enfant de la crèche que nous fêterons cette nuit-là s'est identifié, poser un acte aussi, comme évêque, qui dise l'engagement de l'Église au nom de son Seigneur et de l'Évangile. Le sentiment d'une occasion à ne pas manquer, peut-être même d'urgence.

J'ai tout de suite épousé l'idée de célébrer Noël ainsi, avec des personnes en chemin, en exil et en grande précarité. Il me faut être là, avec elles. Sinon l'Évangile n'a plus aucun sens. Sinon, je serais ordonnanceur de tradition ou faiseur de rites, mais pas évêque catholique. Il est beau ce mot : catholique, c'est-à-dire universel. Une occasion m'était donnée d'élargir mon horizon pour célébrer Noël à un universel plus large (et pas seulement imaginaire ou sentimental), une occasion m'était donnée de devenir un peu plus catholique.

Il y avait une quarantaine de personnes exilées, pour beaucoup chrétiennes, coptes orthodoxes, et cent cinquante amis, personnes engagées auprès des personnes exilées, sensibles à la cause des plus fragiles ou ayant envie de passer une « Noël autrement ». Quelques familles étaient là, avec de jeunes enfants. L'occasion, m'ont-elles dit, d'initier au vrai sens de Noël, dans un esprit de solidarité et de fraternité, loin de la folie consumériste qui peut sembler dominer. Nous avons été rejoints par les deux prêtres de la paroisse de Calais, et deux autres jésuites.

Un moment simple, sobre : de la préparation (une guitare, une flûte, quelques chants, un autel de campagne), de l'improvisation, et beaucoup de cœur. Un moment très fraternel. L'affirmation par l'expérience de notre commune humanité. Et la joie de confesser Dieu[1] qui, pour les chrétiens, s'invite

1. Entendu ici comme « faire profession de foi ».

dans notre monde et nos histoires par la fragilité de l'incarnation.

Le Verbe de Dieu[1], sa Parole, se fait enfant – *infans*, étymologiquement, « celui qui ne parle pas ». Le Dieu Tout-Puissant choisit l'extrême dépendance de l'enfant qui vient de naître pour partager notre vie afin que nous partagions la sienne. La véritable toute-puissance n'a pas besoin de se rassurer en dominant ou en écrasant l'autre. Elle ne craint pas de concurrence ni ne s'inquiète de ce qu'on pourrait lui prendre. Elle se donne pour faire vivre.

Ce soir-là, c'est la première fois que je célèbre ainsi. Avec des personnes en exil, sur le lieu de leur campement sans cesse bousculé, ou plus exactement sur le non-lieu dans lequel notre société mondialisée voudrait les enfermer. Temps de pause pour elles. Des visages présents. Des visages d'humanité blessés et dignes.

La nuit est déjà là, il est 20 heures. Sans pouvoir nous envisager complètement, nous nous envisageons réellement. Au moins quelques-uns. Regard lourd de tout leur chemin, regard envers et contre tout d'espérance. Ils ne sont pas là que pour eux-mêmes. Quelle famille les espère et hante leurs

1. Évangile selon saint Jean, chapitre 1, versets 1 à 14.

rêves ? Ils portent avec eux une terre, des proches, des relations. Ils ne fuient pas leur terre natale que pour eux-mêmes. Dans la douleur de la séparation et peut-être d'impossibles retrouvailles dans l'avenir, ils sont souvent partis pour soutenir cette famille. Il y a aussi là quelque chose d'un engagement et d'un don de soi pour d'autres.

Lors de ma première venue à Calais, j'ai été très marqué par la rencontre d'une personne ayant fui la guerre dans sa terre natale sept ans auparavant, et depuis, de camp en camp, espérant toujours trouver un port d'attache. Ce soir de Noël, je ne connais pas leur histoire précise ni depuis combien de temps ils attendent de passer : un mois ? trois ans ? ou plus. Quelles traces indélébiles garderont-ils de ces violences subies tout au long de ces mois ? De leur errance ? Tant d'autres questions me viennent à l'esprit…

Les personnes exilées présentes ne comprennent pas le français, et je ne parle ni leur langue, ni l'anglais que l'une d'entre elles aurait pu traduire. Pourtant, nous sommes là. Pauvres de notre absence de solution et de notre manque de moyens, mais prophétiques de ce que nous voulons permettre. Dépouillés et riches. Unique humanité rassemblée dans sa diversité, sa grande violence et sa mondialisation d'exclusion, mais aussi dans sa capacité toujours là, et je le crois toujours plus forte, de fraternité.

C'est donc la première fois que je célèbre ainsi la fête de Noël. Cela m'introduit à une profondeur de la célébration que je n'avais pas encore vraiment comprise. Dieu Unique et Trinité, celui que je confesse comme mon libérateur et mon sauveur, a décidé de prendre chair de notre chair. Dans sa Toute-Puissance, il a choisi dans le Fils éternel de naître d'une femme, refaisant ainsi le chemin que tous et chacun nous vivons. Et lors de sa naissance, il n'y avait plus de place dans la salle commune[1]. Comme pour ces personnes exilées, il semble ne plus y avoir de place dans la maison commune[2].

Tout à coup, cette réalité de la naissance de Dieu dans la chair a pris une force insoupçonnée. Je me suis souvenu alors que, après être né en chemin (celui du recensement qui oblige Joseph et Marie à quitter Nazareth pour Bethléem), Jésus avait dû rapidement prendre avec ses parents les chemins de l'exil vers l'Égypte, car le pouvoir politique en place, un pouvoir d'occupation, jaloux de ce petit enfant à

1. Évangile selon saint Luc, chapitre 2, verset 7.

2. Cf. pape François, *Laudato si*, encyclique donnée en 2016 dont le sous-titre est : *Pour la sauvegarde de la maison commune.*

naître au sujet duquel quelques mages – c'est-à-dire les savants chercheurs de l'époque – étaient venus se renseigner, avait décidé une persécution générale et la mise à mort des nourrissons.

C'est la première fois que je le comprends : lorsque Celui que je confesse comme le Fils de Dieu vient dans notre humanité et prend chair de notre chair, il le fait à la manière d'un de ces enfants que portent ces femmes obligées de quitter leur terre, le lieu de leur histoire et de leur identité où elles espéraient pouvoir élever leur descendance. Me reviennent en mémoire certaines images de ces mères quittant l'horreur leurs enfants dans les bras, ce mélange de souffrance indicible et d'incroyable dignité, et cette photographie d'un enfant mort, échoué sur une plage…

Quelles questions sont montées à l'esprit de Joseph et de Marie, quelles inquiétudes ? Ont-ils eu peur ? La question se pose : l'évangéliste Luc n'aura pas peur de nous faire part de l'angoisse de Marie cherchant son enfant au Temple quelques années plus tard : « Mon enfant, pourquoi nous as-tu fait cela ? Vois comme ton père et moi nous avons souffert en te cherchant[1]… » Marie sait la fidélité de Dieu. Comme beaucoup de ces

1. Évangile selon saint Luc, chapitre 2, verset 48.

personnes migrantes quasiment toutes religieuses, chrétiennes ou musulmanes. Mais cela n'empêche pas la chair de se tordre à l'intime, cela n'empêche pas la peur.

Le Dieu que je confesse n'a pas été reçu dans la maison commune – il n'y avait pas de place pour lui – et a dû prendre immédiatement, après sa naissance parmi nous, les chemins de l'exil. Un certain romantisme ainsi qu'un matraquage consumériste ont fait oublier, même aux chrétiens, le drame qui entoure la fête de Noël. Cette année, Noël a pris pour moi une épaisseur inédite. La joie qui s'y annonce, tant dans le récit évangélique que pour nous aujourd'hui dans la manière de vivre cette fête, que nous soyons croyants ou non, la fraternité à laquelle elle introduit, prennent corps dans un drame d'exclusion, de migration et de persécution.

Noël ne tombe pas à côté de la vie du monde. Cette fête ne fait pas l'économie du mal du monde. Elle annonce que Celui que certains confessent comme le Fils de Dieu a décidé d'y plonger pour commencer par se le prendre en pleine figure. La fête de Noël, dans sa vérité, exclut tout sentimentalisme mièvre. L'espérance qu'elle annonce, parce qu'elle demeure une fête de l'espérance, est rude, âpre. En s'ouvrant par l'inouï d'une naissance et de la joie qu'elle libère comme jaillissement, radicale nouveauté et promesse, elle s'incarne immédiatement dans la blessure, et tout particulièrement celle de l'exclusion et de la migration.

Ainsi, Noël cette année a aussi retenti comme un immense point d'interrogation. Elle a pris pour moi la forme et la force d'un coup de poing. « Je suis venu pour une remise en question », dira Jésus quelques années plus tard[1]...

1. Évangile selon saint Jean, chapitre 9, verset 39.

« Il ne faut pas prier pour les migrants »

Le surlendemain, je célébrais la messe dominicale dans une paroisse d'un autre diocèse pour le baptême d'une petite nièce. Messe sobre et festive. Le dimanche après Noël, l'Église célèbre la fête de la Sainte Famille. J'avais encore en tête Marie, Joseph et Jésus en chemin d'exil vers l'Égypte. Lors de la prière universelle, il a été fait mention, au cœur d'une énumération de pauvretés et fragilités actuelles, parmi les enfants isolés, les familles déchirées et les personnes malades, des migrants. Pas une intention spécifique, aucun développement particulier, juste une évocation. La seule dans cette messe, la prédication n'ayant pas abordé le sujet.

À la fin de cette célébration, un jeune homme au pas déterminé a pris l'initiative d'interpeller l'une des musiciennes du jour en lui disant : « Vous êtes de la paroisse ? » (Ce qui n'était pas le cas.) Il a continué d'un ton sec, péremptoire et ne prêtant pas à discussion : « Il ne faut pas prier pour les migrants, arrêtez de prier pour eux ! » Puis il a tourné le dos et s'en est allé. Je n'ai pas été un témoin direct de cette scène. Quand on m'a rapporté ces propos, j'ai été sidéré.

Outre la lâcheté de cet homme qui va s'adresser à une jeune femme plutôt qu'au célébrant, comment est-il possible pour un catholique, venant de participer à l'eucharistie, de dire cela ? Quelles que soient ses opinions politiques, sa perception du phénomène migratoire et les mesures qu'il lui semble nécessaire de prendre à ce sujet – il y a ici une pluralité tout à fait légitime parmi les chrétiens –, comment un chrétien peut-il oser dire cela ? Tout homme a le droit d'avoir peur ou d'être en colère devant ce qu'il peut percevoir comme un danger ou une incurie des grands de ce monde, mais comment un chrétien peut-il oser dire cela ?

Comment celui qui vient de communier à Celui qu'il confesse comme son Seigneur ressuscité, à Celui qui est né dans une mangeoire parce qu'il voulait devenir nourriture pour nous, comment celui-là peut-il oublier que son Seigneur est la charité même de Dieu qui se donne dans la chair pour le salut de tous ? Comment peut-il oublier que

Jésus nous a invités à nous aimer les uns les autres, jusqu'à l'amour des ennemis[1], et non à nous aimer « les uns les uns » ? Que vient-il chercher en participant à la messe dominicale ? Veut-il être rassuré dans une identité chrétienne qui n'a plus rien de chrétien par le fait même des paroles qu'il ose, ou désire-t-il vraiment être disciple de ce Dieu toujours en chemin ? Comment peut-il oublier que pour un chrétien la conversion n'est pas un moment de sa vie mais son identité ?

Bien sûr, comme tous les chrétiens, je ne suis pas à la hauteur de Celui que je célèbre et de l'Évangile que je désire annoncer. Mais une chose est de dire mes peurs, mes incompréhensions et mes colères, une chose est de consentir à être un homme en chemin, souvent en contradiction avec ce que je crois, et de le reconnaître, autre chose est de le justifier et de vouloir ainsi m'approprier la foi chrétienne pour la faire correspondre à mes peurs et à mes idées.

Je ne peux que reconnaître qu'il m'arrive d'être complaisant avec les démissions de la société, et avec la violence qui m'habite – ce que la Bible appelle le péché –, et qu'ainsi je participe à la négation de la dignité inaliénable de la personne

1. Évangile selon saint Matthieu, chapitre 5, versets 43 à 44.

humaine. J'ai également tout à fait le droit de ne pas être d'accord avec la « doctrine sociale de l'Église » (pour autant que je l'aie un peu travaillée et que ce n'est pas la paresse ou « l'opinion » qui parle en moi), mais si je me dis chrétien, je ne peux en aucun cas passer cela en pertes et profits, pire même, instrumentaliser l'Évangile pour en faire une idéologie au service de mes idées. Être catholique, ce n'est pas m'arcbouter sur un système ni chercher une citadelle pour me défendre de mes peurs et de mes outrances, c'est toujours m'ouvrir à une rencontre, celle de Dieu, qui ne cesse de me désinstaller pour me rendre à mon humanité en me rendant serviteur de celle de mes frères et sœurs.

Comment donc un chrétien peut-il oublier les paroles de Celui dont il reconnaît la divinité, paroles si souvent rappelées et que tous les chrétiens connaissent : « "Venez les bénis de mon Père, recevez en héritage le Royaume préparé pour vous depuis la fondation du monde, car j'avais faim et vous m'avez donné à manger ; j'avais soif et vous m'avez donné à boire, j'étais un étranger et vous m'avez accueilli [...] Amen, je vous le dis : chaque fois que vous l'avez fait à l'un de ces plus petits de mes frères, c'est à moi que vous l'avez fait". Alors il dira à ceux qui seront à sa gauche : "Allez-vous-en loin de moi, vous les maudits, dans le feu éternel préparé par le diable et ses anges. Car j'avais faim et vous ne m'avez pas donné à manger, j'avais soif et vous ne m'avez pas donné à boire, j'étais un étranger, et vous ne m'avez pas accueilli [...] Amen, je vous le dis, chaque fois que vous ne l'avez pas fait à l'un de ces plus petits, c'est à moi que vous ne l'avez pas fait[1]." »

Ces paroles sont très impressionnantes. Non seulement Jésus affirme que les plus petits, parmi lesquels il cite explicitement les étrangers, sont ses frères, mais il s'y identifie. Ces paroles de Jésus ne sont pas une simple leçon de morale, mais une révélation de qui est Dieu et de qui est l'homme. Fils inextricablement liés. Les catholiques sont très réalistes, ils accueillent les paroles de Jésus dans leur force expressive et leur puissance de réalité. Ainsi, de même croient-ils à la présence réelle dans l'eucharistie à cause des paroles de Jésus : « Ceci est mon corps » (et non « représente, signifie ou symbolise »), de même prennent-ils très au sérieux cette déclaration : ce que vous faites aux plus petits de mes frères, « c'est à moi » que vous le faites.

Il ne dit pas : « C'est comme si c'était à moi que vous le faites » ou « Pensez que c'est à moi que

1. Évangile selon saint Matthieu, chapitre 25, versets 34 à 45.

vous le faites », mais bien : « C'est à moi » ! Toute violence, à commencer par toute indifférence, faite à des hommes et des femmes, c'est à Dieu lui-même qu'elle est infligée, car en Jésus il a pleinement revêtu et assumé notre humanité, il s'y est identifié. Ce qui peut être perçu par certains comme sentimentalisme ou mièvrerie est, pour le chrétien confessant, réalisme et vérité. La question éthique, en christianisme, touche immédiatement à la relation à Dieu. Dans le service de celui qui a faim ou soif, qui est étranger, malade ou en prison, c'est la confession même du Dieu Unique et Trinité qui est en jeu, la reconnaissance de la manière par laquelle il vient à nous, l'inattendu de sa présence qui ne consomme personne mais légitime l'existence de chacun, à commencer par le plus démuni.

Indépendamment même de toute profession de foi, comment nier en celui qui est là la même dignité que celle que je réclame pour moi ? Tout homme m'est un frère. Le nier est justifier la loi du plus fort, en espérant – mais qui nous le garantit ? – que nous serons toujours du bon côté. Et l'expérience montre, si chère à la révélation biblique mais commune à bien d'autres traditions et à tous ceux qui y sont attentifs, que ne pas partir des plus démunis, c'est immanquablement à court ou moyen terme les oublier. Et construire un monde inhumain. En revanche, construire l'avenir avec les plus démunis, et à partir d'eux, c'est assurer à tout le monde une place, et même, me semble-t-il, à chacun la plus belle, celle où je ne me vis pas comme une île isolée en peur d'agression, mais celle où je nais à et d'une fraternité profonde qui seule peut ouvrir l'avenir.

Je sais bien que nos célébrations sont parfois le lieu de bons sentiments dégoulinants sans prise sur le réel ou de leçons de morale insupportables, je sais bien qu'il peut arriver que la liturgie soit prise en otage pour promouvoir un discours idéologique, mais ce dimanche, il n'y avait vraiment rien de tout cela. J'ai donc été sidéré par la réflexion de cette personne. À mes yeux, ces propos sont objectivement une apostasie de la foi chrétienne. Je ne lui reproche pas des opinions politiques que je peux deviner sous ce genre de propos – je ne les partage pas mais je suis évêque pour tous, et comme individu je sais trop combien la conversion est devant moi –, mais c'est le refus même de prier pour les migrants que je dénonce comme une apostasie de la foi catholique.

Que nous est-il donc arrivé ? Qu'est-il donc arrivé à l'Église pour que l'un de ses membres puisse prononcer ces mots ? On dit souvent que notre société connaît une profonde crise de la transmission.

L'Église n'en est pas exempte. Dans quel confort ou dans quelle complaisance des communautés chrétiennes ou des groupes qui se réclament de la foi catholique ont-ils pu ainsi s'installer et s'enfermer, pour qu'un tel manque de rigueur et de cohérence avec ce que la foi de l'Église dont on se réclame puisse se manifester ? Que nous est-il donc arrivé pour que l'Évangile et la foi, jusqu'à Dieu lui-même, soient ainsi instrumentalisés ?

La foi, relation dynamique qui fait entrer dans le « repos de Dieu », n'a rien de confortable. Elle est blessure vive. Elle n'est pas justification sacrée de nos peurs et de nos cécités, ou de nos idéologies – un autre nom de l'idolâtrie que toute la Bible dénonce parce que mortifère. Elle est cette épée à deux tranchants qui élargit sans cesse la pensée, désinstalle pour libérer et restaurer l'intelligence, dénonce les complicités de ténèbres pour ouvrir des chemins de lumière. Elle nous guérit de la « sclérocardie », cette dureté de cœur qui pousse au repli sur soi et à l'indifférence au monde, pour dilater le cœur. Elle ranime le courage de l'action pour servir contre toute résignation, dans la justice, la charité, la vérité et l'espérance.

Il m'arrive de penser que la crise que l'Église vit aujourd'hui est nécessaire et sera féconde, peut-être même le Seigneur se cache-t-il derrière. L'Église a gravement failli à sa mission par ses attitudes concernant les affaires de pédocriminalité, et elle doit se renouveler radicalement pour faire droit aux victimes et, avec elles, à l'ensemble des baptisés. Les évêques, à la suite du rapport de la Commission indépendante sur les abus sexuels dans l'Église, qu'ils ont eux-mêmes mise en place, ont pris des mesures déterminées. Ils savent très bien, cependant, que le travail ne peut s'arrêter là. C'est à une véritable conversion, transformation en profondeur, que l'Église est convoquée. Et pas seulement par les victimes, mais bien, à travers elles, par son Seigneur. Cela ne peut être l'affaire de quelques-uns, mais bien de tous les baptisés.

Il me semble qu'il y a autre chose encore à entendre pour l'Église : à travers la non-prise en compte des victimes se dit quelque chose de plus profond encore de son infidélité, qui se manifeste notamment dans les propos entendus à la fin de cette messe, le jour de la Sainte Famille. L'Église des abus n'est pas celle que Jésus veut. Pas plus, celle qui serait tentée d'instrumentaliser une situation, ici celle des personnes migrantes, pour cacher ses peurs et justifier des idéologies objectivement antiévangéliques.

L'Innocent. Le Christ, pour les chrétiens, est Dieu lui-même qui vient rejoindre la victime innocente, qui désire descendre au très-bas de notre humanité pour qu'aucun homme, aucune femme ne puisse penser qu'il ou elle est trop loin. Le Tout-Puissant se fait le Très-Bas[1]. Il est lui-même l'innocent bafoué, humilité, trahi et abandonné dont parle le prophète Isaïe[2]. Les chrétiens, dont je suis, continueront-ils longtemps à participer à la mise en croix de leur Seigneur ?

Le risque victimaire est sans doute une question à regarder sereinement, ce qui n'est pas facile. Mais l'Église de Jésus Christ se doit d'être auprès des victimes innocentes auxquelles leur Seigneur a choisi de s'identifier. Nous ne pouvons qu'avancer à leur rythme. Ce sont elles qui nous dictent le tempo. Marcher avec elles en allant au bout de la vérité est la seule condition pour que l'horizon oppressant et déstructurant de l'agression qui rejaillit parfois après des années en semblant tout enclore en elle puisse voir s'esquisser un chemin de vie.

J'ai compris que ma place était là. J'y rechigne parfois. Je suis maladroit. Je me cache. Mais il me faut y revenir. D'autant qu'essayer de servir la

1. Cf. le très beau livre de Christian Bobin, *Le Très-Bas*, Gallimard, 1992, sur saint François d'Assise.

2. Livre du prophète Isaïe, du chapitre 52, verset 13 au chapitre 53, verset 1.

renaissance de la vie là où la mort a fait tellement de dégâts, c'est s'inscrire dans le cœur de la foi chrétienne, travail de résurrection au cœur de ce qui défigure l'homme. Quelqu'un m'a récemment donné un roman de la fin du XIXe siècle intitulé : « Que ferait Jésus à ma place ?[1] » Désuet dans son écriture, il pose une question fondamentale à laquelle aucun chrétien sincère ne peut échapper.

Il m'arrive de penser que « la fin de la chrétienté[2] », pour reprendre le titre d'un livre stimulant de Chantal Delsol, est une bonne chose. Le témoignage de la charité de Dieu, la grâce de la mission et la joie de l'Évangile sont à ce prix. L'affirmation de la dignité inaliénable de la personne humaine, de sa conception à sa mort et donc à tout moment de sa vie, au cœur de la révélation chrétienne et partagée par des hommes et des femmes d'autres religions et courants de pensée, ne peut attendre. À travers la question des migrants, c'est la question de notre dignité et de notre commune humanité qui est posée. Nous ne pouvons pas nous dérober.

1. Charles M. Sheldon, *Que ferait Jésus à ma place ?* (1897), CLC France, 2007.

2. Cf. Chantal Delsol, *La Fin de la chrétienté*, Éditions du Cerf, 2021.

Tout dérangement est-il mauvais ?

Les personnes migrantes dérangent. C'est incontestable. J'en ai croisé à plusieurs reprises marchant sur les voies d'urgence de l'autoroute, j'en aperçois dans les villes du nord-ouest du département, errant en petits groupes. Ce n'est pas *rien* de les voir sans cesse revenir au point de distribution de repas ou de recharge de leur portable, tant pour les personnes qui prennent soin d'eux qui ont l'impression qu'il est tellement difficile de faire évoluer la situation, que pour les riverains, parfois inquiets. De la même façon, je suis toujours surpris, quand je vais à Calais – on ne s'y fait pas tant que ça –, de croiser un tel nombre de camionnettes de policiers en faction et en veille.

Je ne peux que constater que ces personnes en attente d'Angleterre nous dérangent et que nous aimerions tous que la situation soit autre. Que faire ? Dérangement réel. Mauvaise conscience aussi d'une société riche qui s'enferme dans une culture du déchet auquel elle assimile un certain nombre d'entre nous. Colère encore d'un bouchon d'engorgement là, à Calais et alentour, d'une blessure dont la solution ne se trouve pas ici, sur ces plages… Nous ne pouvons cependant en rester à cet état de fait sans y réfléchir.

De nombreux habitants de Calais, tout dérangés qu'ils soient, sont très généreux et beaucoup participent à l'attention des personnes exilées. Comment ne pas entendre cependant que les habitants de Calais soient fatigués de cette situation ? Leur ville s'est métamorphosée. Ce n'est pas rien encore de voir chaque jour une population jeune errer dans l'attente d'un éventuel passage. Ce n'est pas rien d'avoir vu installer depuis des années des clôtures de haute taille autour du port, des entreprises et de tous les espaces où des migrants pourraient s'installer. Ce n'est pas rien de constater des troubles à l'ordre public dans certains lieux de distribution de nourriture ou à cause de violences entre des personnes de nationalités antagonistes. Ce n'est pas rien d'avoir l'impression d'une insécurité par présence d'étrangers non stabilisés, surtout quand on a de jeunes enfants, ou que l'on est une personne seule isolée. Ce n'est pas rien de voir sa ville médiatisée seulement par la présence de ceux qui veulent passer la Manche et ainsi, d'une manière ou d'une autre, stigmatisée.

Dans une ville située à plusieurs dizaines de kilomètres au sud de Calais[1], une boulangère a demandé récemment au curé qui achetait une baguette de pain : « Monsieur, cela ne vous dérange pas si je la coupe en deux et la mets dans un sachet ? Sinon les personnes migrantes vont vous voir avec une baguette et vont envahir ma boulangerie pour avoir du pain… » Il n'y avait pas chez elle de rejet ou d'agressivité, juste l'expression du fait qu'elle se sentait totalement démunie par rapport à cette situation nouvelle, et de l'antagonisme dans lequel elle se trouvait : la question qui se pose à elle, comme boulangère, n'est pas d'abord de ne pas venir en aide aux personnes migrantes – elle n'a rien dit de cela – mais de faire fonctionner sa petite entreprise et de gagner sa vie. Confrontée à une situation

1. C'est dorénavant de toute la côte d'Opale, de la frontière belge jusqu'au Touquet voire la baie de Somme, que des personnes essaient de passer vers l'Angleterre. Un haut fonctionnaire me disait que le nombre de tentatives de passage a explosé depuis janvier 2022, cela pouvant être lié à la plus grande efficacité des contrôles des poids lourds tant pour le tunnel sous le Manche que pour les ferrys.

nouvelle, elle expérimente comme un télescopage de niveaux qui la laisse interdite.

Comment ne pas comprendre la lassitude ou la colère des élus qui, confrontés sans cesse à leur impuissance, ont le sentiment que les migrants sont comme le sac et le ressac de la mer qui sans cesse revient ? Si je peux m'étonner de ce que je perçois parfois comme un déni de réalité, je ne peux que comprendre ces réactions. Et je me veux d'autant plus humble que je n'habite pas cette ville, ni la côte d'Opale qui voit s'étendre considérablement les zones où les passeurs font leur sinistre travail.

Je n'oublie pas que je suis évêque pour tous. Et d'abord pour les habitants du Pas-de-Calais. Je n'oublie pas que j'ai été envoyé ici pour prendre soin de tous les habitants de ce territoire, si éprouvé dans l'histoire, et socialement plus démuni qu'ailleurs, pour leur dire qu'ils sont aimés et que Dieu lui-même les légitime dans l'être, et qu'il les veut debout, et qu'il s'engage pour leur avenir. Je ne veux pas oublier que ma mission est d'abord auprès d'eux pour qu'ensemble, nous laissant saisir par le Christ et l'Évangile, nous en soyons signes. Mais c'est justement là qu'un coin est enfoncé. Douloureux et compliqué sans doute.

Je reçois toutefois cela comme une parole et un appel de l'Esprit saint. Aucun chrétien ne l'est pour lui-même. Accueillant comme un cadeau le salut de Dieu en Christ, il ne désire qu'une chose : que tous puissent en profiter. Le chrétien est un homme réaliste. Il confesse Dieu qui s'est fait homme, qui a assumé l'épaisseur de la chair, avec ses limites et ses promesses, ses blessures et ses contradictions. Pour lui, le réalisme ne peut jamais être déni de réalité : des hommes et des femmes sont là, dont la dignité est la même que la sienne. Qu'importe son analyse politique, il ne peut se dérober au visage qui est là, écho de l'infini. Il sait – là est le réalisme fondamental – qu'aucune personne humaine, aussi dérangeante soit-elle – ne peut être regardée comme un déchet, mais qu'elle est toujours un frère ou une sœur qui appelle à en prendre soin, dans la charité, la justice et la vérité.

Les premières victimes de cette situation sont les personnes exilées en attente de passage. Aucune d'entre elles n'est là par plaisir. Elles préféreraient infiniment avoir pu rester dans leur pays, leur ville ou leur village – ce que la situation de guerre, de désœuvrement, de dictature, de violence ou de faillite économique ou écologique et de pauvreté n'a pas permis –, ou être en Angleterre. Aucune personne exilée n'est là par plaisir. Il est important de le rappeler.

Je me souviens, il y a quelques années, en discutant avec quelqu'un de très proche de la génération qui me précède, le lui avoir rappelé. Plus tard, cette personne m'a dit que, même si ses interrogations n'avaient pas disparu, son regard avait changé. Ce sont la violence et la misère qui ont amené ces exilés à oser ce voyage si incertain, tant marqué par la brutalité et la cupidité des passeurs exploiteurs, si inhospitaliers et si inhumains. Pendant longtemps, elle avait obéré ce fait et n'en avait pas tenu compte, elle n'avait vu que celui qui dérange, sans intégrer les raisons de son départ.

Tout à coup, cette personne prenait conscience que ceux-là n'étaient pas des profiteurs mais des malchanceux de la naissance et de la vie qui osaient espérer pour eux-mêmes et tous les leurs un avenir meilleur. Elle comprenait que nul ne peut vivre une telle aventure – celle de l'exil dans ces conditions désespérées d'illégalité – pour le plaisir. Les questions posées demeuraient, mais le problème politique et social théorique avait pris visage, et cela changeait tout. Elle reconnaissait cette disjonction impossible entre l'idée et la personne qui l'avait pourtant rendue distante ou résignée pendant des années au drame de ces personnes. Cette reconnaissance humble m'a d'autant plus touché que cette personne était ma mère.

Les personnes exilées, dans la plupart des cas, ne tentent pas ce voyage que pour elles-mêmes. Elles portent l'espoir d'une famille, d'un clan, voire d'un village. Beaucoup de personnes migrantes renvoient une partie de ce qu'ils gagnent à leurs proches, aidant ceux qui sont restés dans les conditions qu'ils ont quittées à vivre avec un peu plus de dignité. Plusieurs prêtres originaires d'Afrique, qu'ils servent aujourd'hui dans les Yvelines, la Somme ou le Pas-de-Calais (les trois diocèses où j'ai servi depuis que je suis prêtre), m'ont expliqué que celui qui vient en Europe crée de fortes attentes chez ses proches, et qu'eux-mêmes envoient régulièrement une partie de leur traitement pour soutenir leur famille quand un problème de santé se présente, qu'une démarche de justice s'avère nécessaire, leur village ou leur ancienne paroisse quand ils se lancent dans un projet d'école ou de dispensaire.

L'exil se vit aussi dans l'espoir d'une possible redistribution de la richesse, de celle à laquelle les nations dites développées ont fondamentalement renoncé. Mais ces amis proches, ces parents, ces conjoints et ces enfants, ces concitoyens qui espèrent de cet exil préféreraient aussi que ces personnes en exil soient ailleurs, restées au pays ou déjà installées dans une terre d'accueil. Ils vivent dans leur chair le prix de l'arrachement et de l'éloignement, et ils devinent le poids de souffrance et d'inhumanité qu'ont à traverser ceux qu'ils aiment tant et qui ont dû partir.

Dérangement premier de ceux qui ont dû fuir leur pays. Dérangement conséquent de ceux qui n'y sont directement pour rien, mais chez qui les personnes en exil survivent. Elles n'ont pas l'intention de s'installer mais errent, dans l'attente d'un hypothétique passage, prisonnières des accords du Touquet, de la peur des règles définies lors du Conseil européen de Dublin[1], de la manipulation de ceux qui font commerce de ce genre d'aventure, du mythe anglais aussi peut-être…

Une nouvelle question s'impose ici : tout dérangement est-il mauvais ? S'il faut de toutes nos forces nous battre contre cette situation, n'y a-t-il pas en même temps quelque chose à entendre ? Les plus fragiles, par leur fragilité même, sont révélateurs d'humanité. Une humanité qui se refuse à être dérangée est une société qui s'enferme sur

1. Les accords de Dublin votés en 2013 établissent qu'un demandeur d'asile ne peut faire sa demande d'asile que dans un seul État membre de l'UE. L'État responsable d'une demande d'asile est le premier pays de l'UE par lequel un migrant est entré (l'Italie ou la Grèce, la plupart du temps).

elle-même et voit progressivement se tarir en elle la source vive d'humanité.

Je ne suis pas toujours à l'aise avec les personnes en très grande précarité, avec les personnes handicapées ou gravement malades. Je dois reconnaître qu'elles dérangent parfois non seulement mon confort, mais qu'elles me déstabilisent. Je voudrais tant avoir la solution à toutes les difficultés qui se présentent. Et je ne les ai pas. Alors je fuis, je nie, je ne veux pas voir. « Tu ne tueras pas », dit le commandement biblique[1]. Il est pourtant des meurtres qui, sans être corporels, n'en sont pas moins efficaces. On peut tuer par une parole, par mépris ou par indifférence. La tolérance, cette vertu molle qui semble résumer toute éthique dans certains discours actuels, dont je perçois la juste et incontournable pointe, m'est de ce point de vue cependant devenue suspecte : celui qui a fait un jour l'expérience dans un groupe d'être simplement toléré sait bien l'expérience d'humiliation à laquelle cela renvoie.

Je me souviens d'un reportage, c'était à la télévision au début des années 1990, qui rapportait un échange de dix minutes entre une personne sans domicile fixe et une jeune femme. Un échange

1. Livre de l'Exode, chapitre 20, Livre du Deutéronome, chapitre 5.

courtois et franc. La jeune femme n'avait aucunement l'intention d'acheter le journal qui lui était proposé. Et sans agressivité, elle avait pris le temps d'expliquer pourquoi. Au terme de ce petit échange, la personne sans domicile fixe avait chaleureusement remercié cette jeune femme qui s'en était trouvée toute surprise : « C'est la première fois depuis des années qu'une jolie femme s'est arrêtée devant moi, a pris le temps de discuter avec moi et m'a regardé comme un homme. Vous me rendez ma dignité. » J'en ai été saisi. La tentation se présente trop souvent encore à mon goût de me détourner. Je suis pressé. Je ne peux pas porter toute la misère du monde. Fait-il vraiment tout ce qu'il pourrait pour s'en sortir ? Mais je sais qu'il y a plus. La fragilité de l'autre me renvoie à mes propres fragilités, surtout à celle que je ne veux pas voir. Je le fuis. Je me fuis.

Marie et Joseph ont fait, au moment de la naissance de Jésus, l'expérience de ce qu'il n'y avait plus de place pour eux dans la salle commune. Ces personnes en exil font l'expérience de ce qu'il n'y a plus de place pour elles dans ce monde malmené par une mondialisation consumériste. Qui d'entre nous n'a pas fait un jour ou l'autre l'expérience, parfois durable, de ce qu'il semblait ne plus y avoir de place pour lui ? C'était dans la vie affective, professionnelle, associative ou familiale. C'était en pensant à l'avenir ou en traversant une épreuve. C'était dans telle situation précise ou à travers tel événement.

J'ai été pendant plusieurs années aumônier de lycée. Les échanges avec les jeunes m'ont souvent amené sur des territoires mouvants. Parfois douloureux. L'adolescence est l'âge de toutes les promesses. Elle peut être aussi l'âge des grandes blessures. Du sentiment insupportable d'exclusion du groupe, de la fratrie, de la société. Il y a des faits objectifs. Il y a aussi l'effet d'une subjectivité abîmée : quand je commence à penser à ce que les autres pourraient penser de moi, et que je m'y perds.

J'ai profondément aimé marcher avec ces jeunes. J'ai beaucoup reçu. Je me suis parfois senti utile. J'y ai également expérimenté mes limites. Je me suis retrouvé souvent tellement démuni. J'ai souffert de me sentir impuissant. J'ai compris avec le temps que cela venait toucher une blessure narcissique qui a du mal encore à renoncer à une toute-puissance imaginaire. J'ai appris aussi à y consentir, et à cette blessure, et à mon impuissance apparente. Et pourtant à continuer la route ensemble. Il est fort possible que certains ne me demandaient rien d'autre que cela. J'ai également pris conscience, à la relecture de ce chemin, de combien cela a pu aussi réveiller en moi mes propres fragilités. Et devant certains jeunes très en difficulté, j'ai été tenté de fuir. Soit en m'éclipsant, soit par quelques propos péremptoires qui prétendaient indiquer une solution mais qui ne visaient qu'à me débarrasser d'une rencontre encombrante. Je voulais me débarrasser du « dérangement ».

Le mal-être qui peut s'emparer pour un temps de tout un chacun dérange celui qui en est le sujet, et dérange quasi immanquablement son entourage. Mais est-ce seulement le mal-être ou la situation précaire de l'autre qui nous dérange ? L'autre n'est-il pas aussi par nature dérangement ? Promesse de communion, de fraternité et d'avenir certainement, mais aussi dérangement. Et plus précisément, dérangement béni, quand bien même il nous bouscule, nécessaire déplacement, indispensable à l'advenue de cette communion et de cette fraternité promises.

Une civilisation peut-elle se penser seulement en avantages acquis et en biens culturels à défendre, ou se grandit-elle de la rencontre et du dérangement ? Peut-elle se penser comme un en-soi clos ou ouvert seulement à ceux qu'elle choisit, ou n'est-elle pas une réalité vivante, c'est-à-dire évolutive ? L'enjeu éducatif qui s'annonce ici est déterminant : quelle société voulons-nous proposer à nos enfants, et pour cela quelle éducation voulons-nous leur offrir ?

La vitalité d'une société ne se mesure pas au rapport utilitariste et instrumentalisé à ce qui vient d'ailleurs, dans un rapport comptable de bénéfices promis, mais se nourrit aussi de la gratuité de la rencontre et de la fécondité de la fraternité.

Adolescents, on nous répète souvent cette définition de la liberté : « Ma liberté commence là où s'arrête celle des autres[1]. » Cette expression porte une juste attention mais me laisse aujourd'hui profondément insatisfait. Plus, elle me paraît dangereuse car elle pose l'autre *a priori* comme une limitation à ma liberté. La liberté ainsi pensée n'est pas relationnelle et ne peut s'exprimer harmonieusement dans le champ social.

L'autre n'est pas d'abord un obstacle à ma liberté. Il se peut qu'il apparaisse comme cela et qu'il le soit effectivement. Trop de personnes ont expérimenté et expérimentent parfois tellement durablement que la violence de l'autre contraint, abîme ou ampute leur liberté. Cependant, je refuse qu'un fait trop souvent constaté devienne une théorie qui entretient la peur. L'autre n'est pas d'abord un obstacle à ma liberté. Il est d'abord une personne humaine, comme moi. Et s'il était une chance ? L'autre porte d'abord la

1. L'adage dit plus précisément : « La liberté des uns s'arrête là où commence celle des autres. »

promesse d'un monde à construire ensemble, d'une fraternité à oser, d'un salut à accueillir pour tous.

Nul n'est une île. Notre humanité est relationnelle ou elle n'est pas[1]. C'est justement parce que la liberté n'est pas articulée à la fraternité qu'elle se perd, devient l'alibi de tous les enfermements et de toutes les exclusions, et condamne ceux qui s'en réclament soit au déni de réalité en croyant qu'il est possible de vivre sous une bulle, entourée de grillages ou de murs (l'histoire tout en resservant régulièrement cet argument populiste[2] en est un permanent démenti), soit à la dépression. Et notre société à la violence.

1. La pandémie de la Covid l'a manifesté avec force. Le traitement essentiellement voire exclusivement hygiéniste et sanitaire de la pandémie a eu des effets douloureux. Tant de relations empêchées. La santé est évidemment un bien fondamental. Mais la vie est-elle d'abord sécurité sanitaire absolue ou relation ? La soudaineté de la pandémie nous a sans doute empêchés d'apprécier justement tout cela. Il est à espérer qu'on saura le faire dans l'avenir.

2. Il est de bon ton de condamner le populisme. Il y a une manière d'instrumentaliser la population en faisant de ses peurs un fonds de commerce qui n'est pas acceptable. Mais cela ne doit pas être l'argument pour dénigrer ce « peuple » que certains désignent ainsi avec commisération. Ce peuple, ce « petit peuple » est profondément aimable. Il porte en lui une sagesse inestimable.

Les personnes qui frappent à la porte de l'Europe et de la France sont de la même humanité que nous, c'est-à-dire qu'elles sont aussi complices d'inhumanité en ce qu'elles sont capables de violence, qu'elles n'ont pas toujours que de bonnes intentions, qu'elles sont pécheresses comme vous et moi. Mais une société qui, nonobstant toutes les richesses d'humanité dont elles sont aussi porteuses, comme vous et moi, ne prend plus de risque n'est-elle pas en train de se suicider, une société qui se mure dans le refus de la charité et de la fraternité n'est-elle pas en train de construire son propre tombeau ?

Dans un livre extrêmement suggestif, *La Divine Origine*[1], au sous-titre un peu provocateur, *Dieu n'a pas créé l'homme*, Marie Balmary, en s'appuyant sur une lecture très rigoureuse du texte hébreu et rejoignant de manière stimulante la lecture qu'en faisaient les Pères de l'Église[2], montre combien dans la communion du même, Dieu crée de l'autre et l'espace pour qu'il puisse s'exprimer, afin que la

1. Marie Balmary, *La Divine Origine*, Grasset, 1993.

2. Ces théologiens des premiers siècles qui ont profondément marqué la théologie chrétienne, aussi bien en Occident qu'en Orient.

relation soit possible. L'autre est irrémédiablement autre. Dans la commune nature humaine, chacun est absolument unique. L'interdit du jardin d'Éden, dans le livre de la Genèse au chapitre 2, joue à ce titre un rôle positif déterminant.

Après avoir ouvert le désir par l'invitation générale : « Tu peux manger de tous les arbres du jardin[1] », le Seigneur énonce un interdit : « Mais l'arbre de la connaissance du bien et du mal, tu n'en mangeras pas, car le jour où tu en mangeras, tu mourras[2]. » Dieu ne nous veut pas idiots et bêtes. Celui qui par les prophètes et les écrits de Sagesse ne cesse d'en appeler à notre conscience et à notre discernement ne vient pas ici se contredire[3]. Ce qui

1. Livre de la Genèse, chapitre 2, verset 16. Le Dieu de la révélation biblique est d'abord le Dieu du désir : « Du fruit de tous les arbres, tu peux manger. » Pendant longtemps, je suis passé à côté de cela. Je ne me souvenais que de l'interdit qui suit, qui ne porte que sur un arbre parmi tous les arbres. Quand nous projetons un sens sur un texte, nous avons tant de mal à lire ce que nous avons sous les yeux. L'acte de lecture est un acte exigeant, qui demande grande rigueur et grande liberté intérieure.

2. Livre de la Genèse, chapitre 2, verset 17.

3. Je ne résiste pas ici à citer ce merveilleux passage de la Bible, dans le livre de Ben Sirac le Sage, au chapitre 37, versets 11 à 15 : « Ne consulte pas non plus une femme sur sa rivale, un lâche sur la guerre, un négociant sur le taux de

est signifié ici c'est que nous sommes précédés. Ce n'est pas nous qui énonçons la loi du bonheur et du malheur. Elle nous précède. Ainsi, le « tu ne tueras pas » de la loi biblique qui rejoint l'injonction qui habite toute conscience humaine nous précède justement pour garantir non pas seulement notre existence, mais notre accès à l'existence même. Et Marie Balmary remarque, de manière très suggestive, que ce premier interdit ne vient pas contredire la première parole d'appel du désir mais lui permet de se déployer : « Tu ne mangeras pas, l'autre n'est pas consommable. »

L'autre ne t'est pas assimilable. *Tu* n'est pas *je*. C'est une loi fondamentale de la relation. Il y a de l'autre en l'autre que tu ne pourras jamais réduire au même. Ainsi en est-il de la relation homme-femme. L'interdit divin, dans la communion de la nature et la jubilation de la reconnaissance de

---

change, un acheteur sur une vente, un envieux sur la générosité [...]. Pour un conseil, ne te fie à aucun de ces gens-là. Mais adresse-toi toujours à un homme religieux, dont tu sais qu'il observe les commandements, qui a un cœur selon ton cœur et qui, si tu échoues, partagera ta souffrance. Puis tiens-t'en au conseil de ton cœur, car personne ne t'est plus fidèle que lui. Bien souvent, l'âme d'un homme l'avertit mieux que sept veilleurs en faction sur la hauteur. Mais, par-dessus tout, supplie le Très-Haut de diriger tes pas dans la vérité. »

plénitude qui jaillit de la relation, permet la relation de telle sorte que chacun en soit auteur, sans que jamais l'un des deux ne s'assimile l'autre. Ainsi en est-il de toute relation humaine. Dans la reconnaissance de la commune humanité, il y a toujours de l'autre inassimilable. Et donc du dérangement. Salvateur quand il est dans la reconnaissance de la communion, l'empêchant de se refermer sur le connu ou l'approprié et l'ouvrant à toujours plus grand.

Cette commune humanité, qui pourrait la refuser aux personnes migrantes ? Le dérangement qu'elles provoquent, au risque de casser la reconnaissance de la communion, doit cependant s'entendre et être accueilli dans sa profondeur. Refuser le dérangement, c'est refuser la relation. Refuser le dérangement, c'est refuser l'altérité de l'autre et la vie comme chemin. Refuser le dérangement, c'est se replier sur soi-même, renoncer à la fraternité et renoncer à ma propre humanité. Refuser le dérangement, c'est finalement se resigner à l'inhumain.

Je repense souvent à cette parole de Jésus déjà citée : « Je suis venu pour une remise en question. » Jésus, révélation de Dieu qui dérange. Je me souviens de ce que me disait mon premier curé (auquel je dois tant) : « Rappelez-vous que le Seigneur a dit : “Aimez-vous les uns les autres”, il n'a pas dit : “Aimez-vous les uns les uns”. » Nul ne peut se construire sans altérité. Une société du même est toujours mortifère. La tentative d’instaurer une telle société mène toujours à la dictature, l’histoire ne connaît pas d’exception à ce sujet. Je ne suis pas masochiste. Mais béni soit le Seigneur pour ces dérangements qui me libèrent du même et de la mort. Et qui m’ouvrent à la vie à laquelle je suis promis. Toujours plus grande. J’aimerais parfois en mesurer l’amplitude. Je pressens qu’il est juste et bon que je n’aie pas la main sur cela.

Sources, racines et identité

« Deviens ce que tu es. » La formule, dont l'origine est discutée[1] et l'interprétation variée, n'est pas sans intérêt. Elle décrit le paradoxe de notre humanité et toute sa force. Nous ne pouvons être nous-mêmes qu'en le devenant, à partir d'un don-donné qui nous précède (je ne me suis pas donné la vie, je ne me suis pas donné ce corps – compris plus largement que comme un simple donné matériel) et d'un don-donnant, d'une donation de soi qui déploie toutes les richesses dont nous sommes faits, les enrichit, les multiplie en les partageant.

1. Cette formule souvent attribuée à Nietzsche est nettement plus ancienne que lui. Le philosophe Pindare l'aurait déjà employée. Et saint Augustin a des formules très approchantes.

Car, comme le disait le pape émérite Benoît XVI, reprenant un vieux proverbe, « tout ce qui n'est pas donné est perdu ».

Ce qui est vrai pour une personne peut-il être dit d'une nation ? Est-il possible de lui lancer cet appel : « Deviens ce que tu es » ? La formule est délicate et sans doute ambiguë. Elle court là aussi le risque d'être récupérée par toutes les lectures partisanes de l'histoire pour justifier l'idéologie de celui qui veut la promouvoir.

J'entends souvent parler des racines chrétiennes de l'Europe et de l'âme de la France. Au nom de ces « racines chrétiennes » et de cette âme, dont je constate qu'elles sont trop souvent récupérées pour leur faire dire des choses contradictoires avec la foi chrétienne, la révélation évangélique et la tradition ecclésiale, je me risque à quelques mots.

L'accueil de l'émigré est au cœur de la révélation judéo-chrétienne. Combien de fois la Torah et les prophètes ne rappellent-ils pas au peuple élu la nécessaire attention à l'étranger, avec l'orphelin et la veuve, au titre même que son acte de naissance a été signé alors qu'il était lui-même étranger en terre d'Égypte ? Et Jésus, non seulement a connu l'exil dès après sa naissance, mais plus encore, dans un texte précédemment cité, s'identifie lui-même à l'étranger.

Il saura aussi se faire extrêmement provocateur devant ceux qui se réclament d'une certaine intégrité de la religion pour ne pas s'ouvrir au don de Dieu, en leur expliquant que beaucoup de personnes d'ailleurs, d'autres terres ou d'autres traditions religieuses, qu'ils soient samaritains, syriens, de Sarepta, de Transjordanie ou d'ailleurs, sont plus accueillants qu'eux au don de Dieu[1]. On n'imagine pas combien ses paroles étaient, dans leur contexte, extrêmement incisives. Ceux qui les entendaient ne pouvaient qu'en être profondément choqués.

À cela, il faut rajouter un autre fait, d'une autre nature mais dont il est urgent, me semble-t-il, que les chrétiens prennent conscience. Contestant la thèse vulgarisée depuis quelques décennies qui affirme que la religion recule devant la sécularisation et l'effacement progressif de Dieu et des institutions religieuses dans la société, un certain nombre de personnes qui ont étudié ces faits parlent de « migration du sacré » plus que de disparition du sacré[2]. Ainsi, la sécularisation ne serait pas la disparition de Dieu et d'un récit fondateur, mais sa

1. Cf. Évangile selon saint Luc, chapitre 4, versets 22 à 28.

2. Ces lignes doivent beaucoup à l'ouvrage du théologien américain William Cavanaugh, *Idolâtrie ou liberté. Le défi de l'Église au XXIe siècle*, Salvator, 2022.

migration vers une nouvelle réalité et un nouveau récit. La réalité d'accueil du sacré serait aujourd'hui l'argent et le récit qui lui est lié, celui du marché. Si cela est vrai, cela signifie que nous ne serions pas confrontés d'abord à la disparition de Dieu mais à une nouvelle idolâtrie. Une idolâtrie qui, comme toute idolâtrie, asservit l'homme.

Dieu n'a pas besoin qu'on le défende. Ou alors devant quel dieu de pacotille nous trouvons-nous ? Le chrétien que je suis ne peut pas passer à côté du fait que – et en être toujours infiniment bouleversé – le chemin qu'a choisi Dieu pour exprimer sa toute-puissance est celui de la Croix. Dieu ne demande pas qu'on le défende mais qu'on entre dans la geste du Christ pour prendre la défense de la personne humaine contre tout ce qui l'asservit et le détruit, dont la mort est la figure et la réalité ultime.

Il y a ici un point très important : si les Saintes Écritures dénoncent l'idolâtrie, ce n'est pas parce que Dieu serait jaloux de ceux qui pourraient lui faire de l'ombre. Pour parler de la toute-puissance de Dieu, nous projetons trop rapidement nos rêves ou fantasmes de toute-puissance, qui sont toujours peu ou prou marqués sinon par le désir de domination, du moins par celui de maîtriser les événements, de pouvoir faire ce que nous désirons sans aucun obstacle et d'y contraindre tous ceux qui nous entourent ou qui voudraient s'y opposer. Toute-puissance des médiocres dont l'histoire est malheureusement marquée et qui a tellement mené à la catastrophe. Les grandes dictatures du XXe siècle en sont les dramatiques témoins. Et avec elles, des dizaines de millions de morts.

La contestation de l'idolâtrie dans les Saintes Écritures est sans compromis, tout simplement parce que c'est toujours l'homme qui en paie le prix. Investir une réalité finie d'une attente infinie ne peut que le mener à sa perte. Ainsi, Dieu ne condamne pas l'idolâtrie parce que du haut de sa tour d'ivoire il voudrait pouvoir nous contrôler et nous dominer, mais parce qu'il n'en connaît que trop le prix pour l'homme, à commencer par les plus petits et les plus démunis.

Si la thèse de la migration du sacré se révèle exacte, elle oblige les chrétiens à se battre contre la nouvelle idolâtrie. Être alors fidèle aux sources chrétiennes de l'Europe, c'est refuser le dictat du monarque absolu de l'argent et du capitalisme ultralibéral. Or, nul ne saurait le nier, la question migratoire ne trouve pas de solutions parce que dominent très clairement dans le monde, jusque dans les plus hauts niveaux, des intérêts partisans commandés par l'argent. Ainsi, aucune racine ou source chrétienne ne peut justifier la pratique actuelle de repli sur soi, de refus de la solidarité internationale et d'une culture qui fait de la personne humaine une variable d'ajustement économique, politique ou sociale.

Je sais que beaucoup de chrétiens intéressés par l'intention me traiteront d'irréaliste. Je comprendrais cette accusation de la part de non-chrétiens, je ne peux la recevoir d'eux. Je crois non seulement que Dieu s'est engagé dans notre histoire pour réparer avec nous ce que nous aurions abîmé, mais je crois qu'il la travaille en histoire de salut et de vie. Je sais que l'idole veut m'enfermer en elle comme une évidence. Mais elle me ment. L'enfer me ment.

« Je sais en qui j'ai mis mon espérance[1]... » Serais-je un jour capable de risquer mon confort pour affirmer ma foi et servir notre humanité que Jésus est venu épouser pour la sauver ? Je crois que ce qui est impossible aux hommes est possible à Dieu[2], y compris pour la société, mais encore faut-il

1. Saint Paul, deuxième lettre à Timothée, chapitre 1, verset 12.

2. Cf. Évangile selon saint Matthieu, chapitre 19, verset 26 (également Luc, chapitre 18, verset 27) : « Jésus posa sur eux son regard et dit : "Aux hommes c'est impossible, mais pour Dieu tout est possible." » Ce n'est sans doute pas un hasard que cette parole de Jésus vienne conclure la rencontre avec l'homme riche qui refuse de suivre Jésus et s'enferme dans sa

que ceux qui ont la grâce d'y croire s'y rendent disponibles. Cela ne les concerne pas seulement eux, mais toute la société. Ils ont la responsabilité d'y être signes et moteurs d'espérance.

Quant à l'âme de la France, je voudrais juste citer ici les mots de Mgr Éric de Moulins-Beaufort à l'occasion de son discours de clôture de l'assemblée plénière des évêques de France qui s'est tenue à Lourdes au début du mois d'avril 2022 : « Il y a cent ans, le 2 mars 1922, le pape Pie XI confirmait Marie, dans le mystère de son Assomption, patronne principale de la France, et sainte Jeanne d'Arc, patronne secondaire. Vingt ans plus tard, le 23 août 1942, le cardinal Saliège, archevêque de Toulouse, pourtant perclus par la maladie, à moitié paralysé, publiait sa lettre pastorale sur la personne humaine, alors que le régime de Vichy avait publié les lois antijuives et contribué aux rafles des nazis. Des personnes courageuses ont distribué ce texte dans les paroisses du diocèse pour qu'il soit lu en chaire. Dans une telle parole, dans de tels actes, nous percevons la France, notre pays, dans ce qu'il a de meilleur et de vrai, dans sa vraie liberté.

---

tristesse à cause des grands biens qu'il possède, et l'échange avec ses disciples sur le danger des richesses qui suit immédiatement.

Un chercheur, spécialiste des violences de masse, Jacques Semelin, a étudié ce qui a rendu possible que les deux tiers des Juifs de France échappent à la solution finale. Quelques-uns ont été sauvés par des Justes, conclut-il, beaucoup, en fait par eux-mêmes, mais ils ont pu le faire parce que quelqu'un, pas toujours mais souvent, un baptisé, leur a ouvert une porte, offert un déjeuner, plus simplement encore les a laissés passer sans rien dire ni rien voir. Là se perçoit l'âme chrétienne de notre pays, façonnée par la charité, qui reconnaît le Christ dans toute détresse, le Christ Jésus, qui non seulement est entré dans sa création, mais qui, selon le mot de saint Paul, "s'humilia plus encore" (Ph 2), et selon celui du bientôt saint Charles de Foucauld qui nous a été commenté, est le Christ de l'abjection, celui qui dut se cacher ; dans une telle parole et de tels actes vibre la sainteté ordinaire qui se consume au jour le jour dans le don de soi et se tient prête à se donner tout d'un coup lorsqu'il le faut ; la sainteté ordinaire et extraordinaire qui sait se faire hospitalité lorsqu'il le faut. Il me faut le dire encore : l'âme du cardinal Saliège était indemne de tout antisémitisme et il y a encore trop d'antisémitisme, caché ou non, dans notre pays ; le Christ de l'abjection, il pourrait être aussi dans des personnes âgées qui sentiraient peser sur elles l'attente de l'euthanasie, si celle-ci venait à être légalisée dans notre pays ; le Christ de l'abjection, il est assurément déjà dans les migrants clandestins ou non que notre État et notre société peinent à accueillir en les considérant comme des frères ou des sœurs à respecter. Le 15 août prochain, nous pourrons rendre grâce à Dieu pour la protection de notre Dame sur notre pays et en renouveler la consécration, en suppliant pour que de nombreux Saliège ou Théas se lèvent, de nombreuses Thérèse Dauty, lorsqu'il le faut. Et nous reconnaissons volontiers l'œuvre de Dieu en tant de non-chrétiens ou de peu chrétiens qui ont su ou savent aussi trouver le geste ou la parole qui amènent de la vie et de l'amour là où la peur et la haine pourraient l'emporter. Notre pays ne se définit pas par la nostalgie de ses grandeurs passées, il ne se grandit pas en prétendant s'entourer de murs, il ne se grandirait pas non plus s'il en venait à renoncer à accompagner les êtres humains jusqu'au bout de leur vie en les entourant de fraternité au profit d'une mort prétendument douce. Notre pays est vivant lorsqu'il porte au milieu des nations la voix du respect de toute personne humaine et de l'espoir de pouvoir nouer une alliance avec elle. Il est vivant dans les personnes qui s'y lèvent pour y vivre de ce respect et de cet espoir. »

Je suis émerveillé de voir combien de personnes, à Calais et ailleurs, parfois au rebours même de ce que leurs inquiétudes ou leur forfanterie leur fait dire devant leurs amis ou collègues, posent de ces petits gestes apparemment anodins dont parlait Jacques Semelin et qui pourtant permettent aux personnes exilées de garder cette petite sœur espérance[1] qui est le moteur de la vie[2].

Je ne peux pas me résigner à l'ensommeillement de certains catholiques devant l'inhumanité de notre temps. Comment nous réveiller d'une torpeur que nous avons trop souvent cachée sous les mots de réalisme, d'une tentation d'apostasie qui laisse place à tous les nouveaux paganismes qui sacrifient la personne humaine sur l'autel de l'utilité, de la rentabilité, du confort, de la sécurité, ou de la médiocrité ?

Nous continuerons à vivre au milieu de nos frères et sœurs – et ce ne sont pas des mots : nous

1. Cf. Charles Péguy, *Le Porche du mystère de la deuxième vertu*, Gallimard, 1986.

2. La vie est un perpétuel acte de foi et d'espérance. Aucun d'entre nous, le plus athée fût-il, ne se lèverait chaque matin s'il ne posait pas au fond de lui, même de manière inchoative, l'acte de foi que ce jour porte une promesse et qu'il est encore possible d'espérer quelque chose, fût-ce intime et difficile à nommer.

recevons chacun et chacune comme un frère ou une sœur. L'histoire montre que si nous avons pu inventer le meilleur nous avons aussi été trop souvent complices du pire.

Nous savons donc que nous ne sommes pas meilleurs que les autres, et que nous n'avons pas plus de solutions que celles que cherchent tous ensemble les hommes et les femmes de bonne volonté. Pourtant, au nom de la dignité humaine qu'avec tant d'autres nous voulons servir, au nom de Dieu pour ceux qui croient, au nom de Jésus pour les chrétiens, il nous faut dire à la suite de tant de témoins[1] dans l'histoire : « *Non possumus* – nous ne pouvons pas. »

Je supplie le lecteur chrétien de ces lignes de demander les dons de l'Esprit dont parle le prophète Isaïe[2], pour que nous regardions la réalité avec les yeux de Dieu, que nous y réfléchissions à la lumière du salut apporté par la Croix qui travaille notre histoire, et que nous ayons la force du pas à pas, de poser les actes que nous pouvons poser et d'oser les paroles que nous pouvons oser. Si rien n'est au bout de nos seules forces, rien ne se fera sans nous.

1. Nous n'oublions pas que le mot « témoin » en grec se dit « *marturia* » et que le témoignage peut aller jusqu'au martyre.

2. Cf. Livre du prophète Isaïe, chapitre 11, verset 2.

S'il y a des sources chrétiennes à l'identité de l'Europe dont nous voulons nous réclamer, si nous voulons être fidèles à l'âme de notre pays, nous n'avons alors d'autres chemins que de renoncer à l'idolâtrie qu'on voudrait nous imposer et de choisir résolument, d'une part, de poser les questions des difficultés migratoires dans leurs causes profondes et non dans leurs effets[1], et d'autre part, de traiter toute personne pour ce qu'elle est dans le respect de sa dignité inaliénable.

Au moment de conclure ce chapitre, des mots de Dom Helder Camara, évêque d'Olinda et Récife au Brésil de 1964 à 1985, qui avait fait sienne la cause

1. L'action de plaidoyer du Secours catholique et de tant d'autres associations est de ce point de vue-là très remarquable. Non seulement elle s'inspire d'analyses profondes et compétentes des situations évoquées, mais tout autant de la parole des pauvres, migrants ou autres, auxquels on prend le temps de donner la parole, qu'on apprend à écouter, tout simplement parce qu'ils sont les experts mêmes des situations qu'ils traversent – pour autant qu'on leur donne les moyens, qu'ils n'ont pas culturellement toujours de manière spontanée, d'exprimer la richesse qu'ils portent. Dans un autre domaine, c'est bien cela que la commission Sauvé a mis en lumière : l'écoute des personnes victimes d'abus sexuels dans l'Église a été décisive, et le volume qui rassemble un certain nombre de verbatim s'intitule de manière tout à fait suggestive : « De victimes à témoins ».

des pauvres, me viennent à l'esprit : « Quand je m'occupe des pauvres, on me traite de saint, quand je demande pourquoi ils sont pauvres, on me traite de communiste. » Cécité de l'intelligence. On ne peut traiter les effets sans s'intéresser aux causes. Et aucun réalisme ne justifie la capitulation devant l'inhumain.

Compréhension et enjeux

La plupart de nos concitoyens ne sont pas méchants ni mauvais. Blessés et perdus, peut-être, mais ni méchants ni mauvais. Je veux chaque jour apprendre à les recevoir comme le don de Dieu qu'ils sont à mes yeux, quand bien même nous sommes souvent abîmés. Je ne veux récupérer personne par ces propos, ni religieusement assimiler ceux qui ne croient pas ou croient autrement, mais ma foi ne cesse de travailler mon regard : la foi que certains perçoivent comme un détour inutile par Dieu ne fait que me rapprocher de mes concitoyens, dans un désir de fraternité et de charité que je crois toujours possible, quels qu'en soient les apparents démentis.

En parlant de la situation des personnes exilées, j'entends souvent : « Tout cela est triste, insupportable même, mais il faut être réaliste… » Combien de fois ai-je moi-même utilisé cet argument pour essayer de faire atterrir des personnes qui me présentaient des projets que je jugeais irréalistes – et qui parfois l'étaient vraiment ! Quand on parle des migrants, cet argument devient inaudible. Car il justifie l'inertie, entérine la lâcheté et creuse la résignation.

De quelle réalité nous revendiquons-nous ? La question est importante, car le réalisme ici invoqué est toujours un choix : il peut être l'expression d'une tendance idéologique construite à partir d'événements qui n'ont de sens que celui que notre peur ou notre égoïsme veulent bien donner ; il peut s'avérer une lecture partisane des informations reçues, que les algorithmes choisissent d'ailleurs pour nous afin de flatter ce qui vient à notre esprit. Notre rapport au réel est toujours partiel et pour une part une construction. Mais il y va toujours d'une prise de position déterminée sur la vie sociale et sur l'avenir que nous voulons engager ensemble.

De quelle réalité nous revendiquons-nous ? Est-ce celle d'un économisme libéral débridé qui voit l'écart entre les plus pauvres et les plus riches se creuser et la Création dangereusement mise en danger par la crise écologique plus grave que jamais, quand bien même la pandémie et la guerre en Ukraine persistent à la faire passer au second plan ? De ce « réalisme » qui se nourrit du fait migratoire sans lequel l'économie des nations occidentales vieillissantes ne pourrait pas fonctionner ?

De quelle réalité nous revendiquons-nous ? De celle d'un confort égoïste qui n'est plus capable de fraternité, d'un déséquilibre voulu et entretenu dans les relations internationales, d'un cynisme des grandes puissances qui ne pensent qu'à leur niveau de vie, adoptant ainsi des postures qui abandonnent les peuples à quelques terroristes ou corrompus et favorisent encore plus la crise migratoire ?

J'ai entendu à plusieurs reprises dire que le Secours catholique à Calais, avec son accueil de jour et ses maraudes, comme d'autres associations caritatives, faisait le jeu des passeurs. Personne par la solidarité qu'il apporte ne fait le jeu des passeurs, on ne peut jamais diaboliser l'aide. D'une part, quoi que fassent le Secours catholique et les autres associations, la situation des personnes exilées n'est vraiment pas enviable. D'autre part, ce genre de déclaration sous-entend précisément cela : « Laissez-les crever… c'est seulement quand au pays les jeunes sauront qu'on en crève d'essayer de passer [ce qui est déjà le cas d'ailleurs, nous le savons] que la migration et l'exil cesseront. »

La réalité, c'est que l'incapacité des responsables politiques à oser des décisions novatrices et courageuses, quand bien même elles ne seraient pas populaires, favorise le jeu des passeurs. Qui a signé les accords du Touquet et pour quels bénéfices ? Qui corrompt les gouvernants de certains pays d'origine des personnes exilées – il se pourrait que, parmi eux, il y ait un certain nombre de multinationales occidentales et françaises ? Qui organise l'économie de telle sorte que des pays autrefois autosuffisants d'un point de vue agricole, ou qui pourraient l'être, sont réduits au statut de succursales des grands pays dont les intérêts vénaux dominent très nettement sur les intentions fraternelles ? Qui arme les factions qui ne cessent de s'opposer, ruinant parfois leur pays quand ils ne virent pas dans l'islamisme ou la dictature ? Qui a promu la financiarisation de l'économie et mis en place des fonds de pension qui pensent essentiellement à rémunérer ceux qui y investissent, sans s'inquiéter du coût social ? Qui manie l'hypocrisie de l'autre côté de la Manche, ici même ou ailleurs ? La réalité est très claire : ce sont eux qui font le jeu des passeurs.

J'ai en profonde estime les forces de l'État qui chaque nuit veillent sur les rives de la côte d'Opale pour essayer de faire en sorte que les migrants ne partent pas dans la traversée de la mort ; c'est ainsi que m'en parlait récemment un ancien pécheur de Boulogne aujourd'hui maire d'une petite ville de la côte, qui connaît très bien la navigation en Manche, son trafic et ses dangers et qui, quand cela est nécessaire, tente de secourir les embarcations en perdition. Le préfet, que je rencontrais quelques jours après, s'inquiétait de l'explosion du nombre de passages, et me rapportait que les forces de l'ordre avaient « récupéré » trois fois dans la même journée une femme enceinte qui avait essayé de traverser la Manche sur trois embarcations de fortune différentes. Elles effectuent un travail important, et souvent avec beaucoup d'humanité. Cependant, l'État n'est-il pas pompier pyromane ?

La réalité – et c'est le seul réalisme qui compte pour ne pas justifier les horreurs de l'histoire –, c'est que nous avons en face de nous des hommes et des femmes, et des enfants. Le seul réalisme qui compte est là : des visages, signes de l'infini qu'ils portent et auquel ils renvoient, porte ouverte sur le mystère de notre humanité, éclat abîmé mais ineffaçable de la dignité de toute personne humaine.

Le seul réalisme qui compte, c'est que je ne peux plus me contenter d'interroger les causes de leur présence – même si cela est capital, la réponse à cette question indiquant des chemins de solution – ou contester leur présence : le fait est qu'ils sont là.

Le seul réalisme qui compte, c'est que nous ne pouvons pas démissionner de la dignité humaine. Si je le fais, si je cède d'un pouce au traitement inhumain de la personne humaine, quelle que soit sa situation, j'ouvre les portes à l'émergence d'une réalité de violence et de mort dont tous, à un moment ou à un autre, à commencer par moi, feront les frais.

Si j'autorise la société à nier concrètement la dignité des personnes exilées, je l'autorise alors à nier la dignité de toute autre personne humaine et il se pourrait qu'un jour j'en fasse moi-même les frais. Il ne sera plus l'heure d'être surpris.

Comment pouvons-nous oublier si rapidement les leçons des drames du XXe siècle ? Le droit partisan, qui renonce à tout fondement universel – et donc transcendant – glisse inexorablement vers le droit de l'intérêt du plus fort. On vise éventuellement l'intérêt général compris comme l'intérêt du plus grand nombre, mais plus le bien commun[1].

1. Il est important d'apprécier correctement la différence entre l'intérêt général et le bien commun. L'intérêt général, souvent revendiqué par l'État et ses représentants, est l'intérêt du plus grand nombre, les minorités non significatives ou silencieuses étant sinon sacrifiées, du moins souvent oubliées. Le bien commun, promu notamment par la tradition chrétienne, affirme que le service du bien de l'ensemble de la communauté humaine est possible en permettant à tous, à commencer par

Quand je parle de transcendance, je ne parle pas forcément ici de religion, mais j'évoque la nécessité d'une référence posée en amont même de mon propre surgissement dans l'être et la vie. Elle seule me garantit l'existence, et l'existence de chaque être. L'abandonner, c'est immanquablement faire un tri. C'est immanquablement, comme me semble le montrer le droit positif actuel, se diriger vers un tri orienté de ceux qui pourraient revêtir la dignité humaine et de ceux qui ne la revêtiraient pas, selon des critères arbitrairement fixés par la loi du plus fort ou la manipulation habile de l'opinion publique.

La méditation des dix paroles (habituellement appelées « dix commandements ») telles que la Bible nous les rapporte[1] m'a ouvert à cette prise de conscience. « Tu ne tueras pas » est un interdit fondateur de la relation. Il ne concerne pas seulement le meurtre, mais dessine l'espace de la dignité inaliénable de l'autre-que-moi qu'on ne peut jamais instrumentaliser ou consommer. La loi, garantissant pour l'autre cet espace, le garantit aussi pour moi.

---

les plus démunis et les sans-voix, de trouver leur juste place et de réaliser leur vocation propre.

1. Dans le livre de l'Exode au chapitre 20 et le livre du Deutéronome au chapitre 5.

La loi n'est pas d'abord défensive, elle permet la relation en en préservant la possibilité et en définissant l'espace où je peux en devenir auteur. La loi préserve l'espace intime et social à partir duquel je vais pouvoir dire « je », d'une parole dont je sois véritablement auteur (ni la mode, ni la pensée unique, ni une quelconque idéologie). Elle préserve dans le même mouvement ce même espace pour autrui afin qu'une authentique relation soit possible. Ce que la loi garantit pour l'autre, elle le garantit pour moi. Ainsi, ce que j'abdique de la loi pour l'autre immanquablement me reviendra en boomerang.

Il y a quelques années, la question de ce qu'on pouvait faire des embryons surnuméraires « créés » à l'occasion des procréations médicalement assistées a fait débat. Certains invitaient à ne conserver que ceux qui feraient l'objet d'un projet parental. Cela m'a effrayé. Une personne n'existe-t-elle que par le projet qu'on a sur elle ? Insinuer une telle idée est générateur de violences sociales. Si j'existe par le projet qu'on a sur moi (outre que cela m'exclut de l'aventure de la liberté et m'assimile à la dynamique de l'esclavage – aucun bon sentiment ne peut contredire ce fait, aucune générosité ne peut s'autoriser à justifier l'existence d'un autre par le projet qu'on aurait sur elle), que se passe-t-il si plus personne n'a de projets sur moi ?

Je me souviens, lorsque j'étais curé de paroisse, de ces jeunes de cité pour lesquels la société n'avait plus aucun projet. Certains ont sombré dans la violence. Quel sens pourrait avoir la vie quand elle se réduit au regard condescendant voire méprisant qu'on a sur vous et au projet dans lequel on vous enferme ? Ces jeunes ne sont souvent pas faciles à accompagner. La vie a déposé trop de fragilités, de manque de confiance, de violences et d'abandons, de non-horizon, et il en faut du temps pour que de telles personnes retrouvent quelque chose d'une espérance et d'une humanité qui se tienne debout. Mais quel sens pourrait avoir la vie quand elle est sans projet ou quand il s'agit de rentrer dans un projet que d'autres ont sur nous ? Comment échapper à cette instrumentalisation insupportable[1] ? Pourquoi

1. « Tous deux étaient nus et ils n'en avaient pas honte », dit le livre de la Genèse au chapitre 2, verset 25, en parlant d'Adam et de la femme. Un psychanalyste juif m'a dit que si cette traduction était possible, elle ne rendait pas la richesse de l'expression hébraïque. En effet, le mot traduit par « ils n'en avaient pas honte » a pour racine un mot qui est aussi à la racine du mot « viande ». Ainsi, on pourrait traduire : « tous deux étaient nus et ils ne se considéraient pas comme de la viande ». Je me permets parfois de le dire plus trivialement : « L'autre n'est pas un steak. » Dès les premières lignes, la Bible prend très clairement position contre toute instrumentalisation de la personne humaine.

donc alors renoncer à la violence, et comment finalement y échapper quand au fond de soi, quoi qu'il en soit, tout crie vers la vie. Il se pourrait que la violence soit le dernier cri d'espérance de ceux qui se voient réduits à un « projet » qu'on n'a d'ailleurs pas vraiment pour eux.

Le seul réalisme qui compte est celui de l'humanité de la personne humaine. Sans quoi plus aucune vie n'est possible. Et cela n'est en rien utopique. Car dans les faits, face à la crise migratoire, nous avons essayé des mesures partielles qui pour importantes qu'elles soient ont toujours rapidement montré leurs limites, mais nous n'avons que trop peu essayé de prendre les choses dans le bon sens. À commencer, sans doute, par des relations internationales politiques et économiques justes[1] et le souci partagé du bien commun.

Cela demande évidemment de l'audace. Cela questionne aussi le statut de l'intelligence. Aucun expert, même le plus engagé auprès des personnes

1. Le pape Benoit XVI, dans son encyclique *Caritas in veritate*, a développé une conception de l'économie où la gratuité pourrait trouver sa place. Un certain nombre d'experts ou de bien-pensants l'ont traité de naïf (y compris parmi les chrétiens). Encore très minoritaires, ils sont cependant de plus en plus nombreux aujourd'hui à reconnaître qu'il pourrait avoir indiqué des chemins très réalistes d'avenir…

exilées, n'aperçoit de solution évidente. C'est pourquoi les revendications d'humanité toujours reçues avec émotion sont le plus souvent classées dans la case « utopies irréalistes et dangereuses » et broyées par le rouleau compresseur du marché et de la mondialisation. Mais le présupposé qui règne ici est celui d'une raison qui voudrait tout maîtriser avant de décider la moindre action, qui devrait avoir parfaitement repéré l'itinéraire avant de s'y engager, avoir calculé précisément le rapport pertes-profits avant de s'y risquer.

Il y a derrière cela le fantasme et l'orgueil d'une maîtrise totale du réel et de l'avenir. Il y a là une conception prédatrice de l'intelligence – et elle l'est vraiment, quand elle se résigne et capitule devant le traitement inhumain de l'humanité de la personne humaine.

Il y a finalement un manque d'humilité de l'intelligence qui n'a d'égal qu'un manque de confiance en elle, en sa créativité, en sa capacité d'avancer pas à pas, décision après décision. Au risque de se tromper certes mais dans l'opportunité de l'intelligence partagée, dont la dignité n'est ni la technique ni le profit à tout prix, mais la fraternité pour tous. Pour construire ensemble une société plus juste et fraternelle.

Les pauvres contre les pauvres ?

Il nous faut apprendre à écouter nos frères et sœurs les plus démunis. Et pour cela, nous devons commencer par leur donner la possibilité de parler. Ce n'est pas si facile qu'on pourrait le croire. Prendre la parole quand depuis l'enfance, voire depuis des générations, on ne vous l'a pas donnée, cela peut paraître insurmontable. Prendre la parole quand depuis trop longtemps on vous a fait comprendre ou que vous avez eu le sentiment que votre parole ne comptait pour rien, cela n'est pas du tout évident. Prendre la parole quand on a tellement le sentiment que plus personne ne tient parole, que la parole est instrumentalisée, et qu'elle ne décrit plus le réel ou n'a plus aucune prise sur lui, beaucoup se demandent à quoi bon. Prendre la parole quand on ne nous a jamais donné les mots pour le faire, c'est risquer de paraître encore plus ridicule. Prendre la parole quand on ne sait y entrer que par la colère (face à la situation vécue, face au sentiment de rejet, ou tout simplement écho de l'angoisse de ne pas savoir trouver les mots), c'est parfois risquer des retours de flamme très douloureux.

J'ai été très marqué par une expérience que j'ai vécue à plusieurs reprises pendant mon service militaire. Je me souviens de ces camarades de chambrée ou de section, généreux, pour certains très intelligents même s'ils n'avaient pas fait d'études, qui revenaient presque toujours bredouilles d'une demande auprès de l'adjudant de compagnie. Je m'en souviens car, à plusieurs reprises, je suis allé le voir pour demander des choses similaires que j'obtenais toujours. Il se trouve que j'avais les codes des relations militaires (mon père l'a été un temps et j'ai rencontré un certain nombre d'officiers en diverses occasions), eux ne les avaient pas. J'avais l'habitude de prendre la parole en public et de « palabrer », eux non. Il se trouve aussi que j'avais suivi des études supérieures, que j'avais déjà fait deux années de séminaire et que j'impressionnais un peu les sous-officiers ainsi que quelques officiers. Eux n'impressionnaient personne. L'un dans l'autre, j'obtenais toujours ce que je voulais (dans le cadre possible d'une caserne, bien sûr), eux moins souvent.

Lors de la visite pastorale que j'ai effectuée dans le doyenné de Lens, j'ai vécu parmi tant d'autres deux rencontres qui m'ont encore enseigné à ce sujet. D'abord, nous avons vécu un partage d'Évangile tout à fait exceptionnel. Nous étions une quarantaine de personnes, dont beaucoup que l'on pourrait qualifier de socialement et culturellement démunies. Grâce à une pédagogie adaptée[1], petit à petit, tous ont pris la parole d'une manière profonde et personnelle. À la fin de ce temps qui a duré presque deux heures, j'étais extrêmement impressionné. Non pas comme un inspecteur extérieur qui vient voir ce qui se passe et se réjouit de ce qui est bien, mais tout simplement comme un baptisé introduit par ceux qu'on appelle « les plus petits » à une profondeur insoupçonnée d'un texte d'Évangile que je croyais pourtant bien connaître.

Ensuite, j'ai eu la joie de visiter la maison Saint-Benoît, petit pavillon au pied d'une cité, où s'offre,

1. Cette pédagogie, mise en place par la communauté de la Pierre d'Angle-Fraternité Quart Monde (http://www.lapierredangle.eu), est tout à fait remarquable, elle aide chacun à exprimer ce qui l'habite et à entendre la Parole de Dieu dans sa propre vie. Quand la Parole de Dieu nous donne la parole… !

au nom de l'Évangile, un espace de parole et de recherche, d'humanité. Je vois encore ce couple me dire clairement : « Il y a beaucoup d'églises où on ne comprend pas, où on n'existe pas vraiment. Ici, on retrouve confiance, on ose prendre la parole et on exprime notre foi. » Tout n'est pas rose, et dans la bouche de Jésus la pauvreté ne fait pas la sainteté, cependant ces « pauvres » m'humanisent et m'évangélisent, ils me conduisent à Jésus avec sureté, ils sont une bénédiction pour l'Église.

La parole des pauvres n'est pas encore accueillie. Beaucoup d'experts font des enquêtes, des sociologues travaillent, des spécialistes des sciences humaines et sociales comme des théologiens s'engagent, mais la parole des plus précaires n'est pas encore généralement assez écoutée. Ils ont pourtant une expertise hors pair sur les situations qu'ils traversent. Pour autant qu'on leur donne les moyens de s'exprimer et qu'on prend le temps d'écouter en profondeur, pas seulement en passant, ce qu'ils disent.

J'ai été de ce point de vue sidéré par les propos tenus par un haut fonctionnaire du ministère de l'Intérieur chargé des questions migratoires lors d'une rencontre – un peu tendue – avec la présidente du Secours catholique. Il a paru étonné que les membres des associations soient en relation avec des personnes exilées – n'est-il donc jamais sorti de son bureau et de ses études « d'expert » ? – et a clairement affirmé que cette parole n'était pas crédible et qu'on ne pouvait rien construire à partir d'elle. Ce n'est pas parce que cette personne n'en a sans doute pas conscience qu'il ne faut pas dénoncer ici l'expression d'un très grand mépris, et d'une déshumanisation totale de la manière dont sont abordées par ces grands techniciens les questions posées.

Tout le monde ne peut pas tout faire, mais pourquoi ne pas s'appuyer sur les associations de terrain plutôt que de les soupçonner *a priori* et quasi systématiquement. Ces associations qui se battent pour les personnes exilées et qui s'engagent à leurs côtés en prenant le temps de les écouter savent très bien qu'il n'y a pas de solutions magiques. Fondamentalement, certaines me l'ont dit très clairement, c'est le refus de se mettre autour d'une table pour chercher ensemble qui les fait le plus souffrir. Aurons-nous un jour l'intelligence de nous considérer comme partenaires ? Musclés peut-être, mais partenaires.

Les migrants ne sont bien sûr pas tous des saints (les hauts fonctionnaires sans doute non plus, ni moins, ni plus). Pourtant, leur parole a du prix et elle dit quelque chose que nul autre ne peut dire. Rien ne pourra avancer des défis qui se présentent à nous si nous nous enfermons dans une posture méprisante, renonçant à accueillir ce que la parole des premiers concernés peut parfois porter de bon sens, de petits pas apparemment anodins et qui pourtant font progresser tout comme de perspectives plus profondes, de cris d'indignation nous rappelant à la dignité inaliénable de la personne humaine comme de perles d'espérance.

Écouter les plus démunis commence non seulement par la création d'espaces pour qu'ils puissent prendre la parole, mais aussi par leur donner la confiance en eux-mêmes, l'assurance et les moyens pour qu'ils osent prendre la parole. Quand cela est rendu possible, nous constatons l'extraordinaire : des hommes et des femmes, parce que tout à coup ils ont pu prendre la parole, se relèvent et retrouvent quelque chose de leur dignité ; des hommes et des femmes, à l'intelligence insoupçonnée des situations qu'ils vivent, trouvent leur place et deviennent d'authentiques partenaires.

L'écoute des pauvres. Une urgence, me semble-t-il. Les résultats aux dernières élections présidentielles le manifestent clairement. Qu'avons-nous à entendre des « petites classes moyennes » qui voient disparaître la promesse d'amélioration de la vie pour les générations à venir ? Nos parents nous ont élevés dans l'espoir que nous pourrions bénéficier de conditions de vie meilleures. Pour la première fois depuis longtemps, le mouvement semble s'inverser. Il se pourrait que les générations à venir soient moins riches qu'aujourd'hui. Cela n'est pas très grave quand on est riche, cela peut être très inquiétant quand la fin du mois s'annonce déjà difficile. Qu'avons-nous à entendre de ces plus démunis, le plus souvent politiquement démobilisés, qui ne voient pas le bout du tunnel et souvent se résignent ?

On peut être tenté d'opposer les pauvres aux pauvres. Les migrants à ceux qui touchent le RSA ou/et qui ne trouvent pas de logement, à ces femmes seules avec plusieurs enfants qui portent tant et ne savent parfois plus comment faire. Il faut toujours énormément de délicatesse pour aborder ces situations. Les approches théoriques et seulement morales peuvent durablement abîmer et enfoncer encore plus ceux qui vivent ces situations.

Je me souviens d'un échange avec un député qui me disait : « Vous savez, si je me bats pour les plus démunis, je dois reconnaître que je n'ai jamais été en situation de devoir compter l'argent qui me reste dès le 10 ou le 15 du mois et de ne pas pouvoir boucler mes fins de mois. J'en parle. Il le faut. Mais je ne sais pas ce que c'est. » Moi non plus. Je n'ai jamais eu à boucler des fins de mois difficiles. Je ne sais pas ce que c'est. Cela n'interdit pas de prendre la parole, mais cela nécessite beaucoup de prudence et d'humilité. Et cela demande plus encore de permettre à ceux qui vivent ces situations de prendre la parole. Eux seuls savent vraiment ce dont il s'agit. On peut donc être tenté d'opposer les pauvres aux pauvres. Je l'ai entendu. Même dans la bouche de personnes démunies. « Pourquoi détourner l'argent des contribuables au service des étrangers ? Qu'ils restent chez eux ! »

Les personnes en exil peuvent aussi être habitées de grandes inquiétudes. Je me souviens, à Los Angeles, de cet échange avec une femme, originaire d'Amérique centrale, qui vivait de ménages et me disait soutenir le président Trump, à la politique antimigratoire reconnue. Devant ma surprise, elle m'avait expliqué qu'elle-même se sentait menacée par les nouveaux immigrants, qu'elle craignait de perdre ses droits et les avantages péniblement acquis dans la société américaine ultralibérale. Je ne me suis pas senti le droit de la juger : je n'ai jamais eu à quitter ma terre natale pour faire vivre ma famille et je ne sais pas ce que c'est que d'être toujours sous le coup d'un statut précaire et de la possible stigmatisation de la part des autochtones.

Je me dois d'entendre ces paroles. Et de comprendre ce qu'elles expriment au-delà même de leur expression littérale, pour en tenir compte. Mais je ne peux y adhérer. Je ne peux que l'entendre, mais je remarque que, dans les faits, je l'entends vraiment rarement de la bouche des plus démunis. Parfois, la vie les a tellement abîmés qu'il n'y a plus qu'amertume et colère, mais le plus souvent je n'entends pas du tout cette musique, quand bien même certains politiques irresponsables se précipitent pour la reprendre.

Je refuse de me laisser enfermer dans cet esprit de concurrence et de tri humain sous-jacent, de « sauver ma peau et tant pis pour les autres » commandé par la peur et la démission des grandes nations sur les questions de justice et d'équilibre politico-économiques.

Je suis émerveillé de la manière dont le Secours catholique – ce n'est bien sûr pas la seule association qui le fait, mais je la connais un peu plus que les autres – aide des personnes issues de la précarité à prendre des responsabilités. Combien des aidés deviennent des aidants et retrouvent ainsi leur dignité. La dignité de quelqu'un qui s'en sort ne naît jamais d'écraser celui qui a du mal à s'en sortir ou de l'abandonner. Au contraire, c'est en s'engageant pour que d'autres puissent s'en sortir qu'ils reprennent confiance en eux. C'est d'ailleurs l'unique chemin durable.

L'abbé Pierre l'avait bien compris en cet hiver 1954 où des pauvres mouraient de froid, quand, interpellé par un homme qui habitait ces fameux logements de transition, il ne lui apporta aucune solution immédiate – il n'en avait pas – mais l'appela à ses côtés pour servir, remuer l'opinion publique, et faire avancer le dossier.

Dans les faits, on n'aide jamais personne contre d'autres. Cela ne signifie pas que tout peut être mis en œuvre pour tout le monde en même temps, mais qu'il est vil et lâche d'opposer les pauvres aux pauvres. Et profondément méprisant et humiliant pour eux.

Si les votes récents ont montré l'accroissement des fractures observées depuis plusieurs années dans notre pays, entendre en profondeur les personnes les plus précaires exige d'aller plus loin que le cri spontané qu'elles délivrent par l'orientation de leur bulletin de vote. Le bulletin de vote n'est qu'une prise de parole tellement faible, même si, en démocratie, elle a toute son importance. Tant que les responsables se pencheront avec commisération sur les pauvres sans remettre en cause l'organisation même de notre système technico-économique, les choses n'avanceront pas.

La première ordination de prêtre à laquelle j'ai assisté m'a beaucoup marqué. J'avais 17 ans, et depuis six mois le désir vif de donner ma vie au Seigneur. Nous étions en 1981. Celui qui allait devenir prêtre était d'un milieu aisé et se destinait au « monde ouvrier », comme nous l'appelions à l'époque. Il avait pris le temps de le connaître et de le rejoindre en travaillant comme ouvrier et en s'engageant dans la vie syndicale. Nous avons toujours été très différents, mais nous nous sommes toujours profondément estimés. Si je n'ai pas toujours compris ce genre d'engagement, je ne peux qu'attester que celui dont je suis devenu dix ans après frère dans le sacerdoce est un homme profondément évangélique pour lequel j'ai beaucoup d'admiration.

Alors donc que j'évoquais avec mon curé de paroisse (ancien ouvrier tourneur-fraiseur) cette ordination à venir, je me souviendrai toujours de sa réponse négative : « Olivier, attention. Tu sais, à force de se pencher sur les pauvres, on se casse la gueule. » C'était une époque mouvementée, et il y avait là l'expression, peut-être, d'une blessure mais certainement d'un point d'attention. Il ne s'agit pas de jouer à celui ou celle qu'on n'est pas. Il ne s'agit pas de renoncer à apporter ce que l'on est et son expérience. Il s'agit cependant de quitter une attitude condescendante et surplombante pour oser la relation fraternelle et une alliance partagée.

Quelle politique se mettra vraiment à l'écoute du cri de la terre et du cri des pauvres, profondément conjoints, comme le montre le pape François dans son encyclique *Laudato si* ?

Les pauvres savent trop les ravages de la pauvreté pour la désirer pour d'autres. Opposer les pauvres aux pauvres, c'est toujours humilier les pauvres, tous les pauvres, sans exception.

La démagogie et la technocratie[1] ont montré leurs limites. Je rêve d'une société française qui ose faire des plus démunis d'authentiques partenaires pour penser et oser l'avenir, s'appuyant sur l'expérience de ceux qui déjà vivent un tel partenariat.

1. Nous aurons toujours besoin d'experts. Cela est important. Mais comment apprennent-ils à écouter et à intégrer d'autres expertises, et notamment celles des plus démunis ? La posture surplombante est délétère. La posture d'alliance est la seule qui ouvre l'avenir.

Gratitude

La pensée de la gratitude n'est pas dans l'air du temps. Les événements semblent nous obliger à une posture défensive, de repli sur soi et d'exclusion. J'entends les médias rapporter, et de plus en plus fréquemment[1], qu'il existe un vrai problème migratoire[2], ou plus exactement de nouvelles et fortes

1. On ne peut qu'être frappé par le fait que le politiquement correct est très mouvant. Il y a encore quelques années, essayer d'alerter sur la situation migratoire et ses difficultés pouvait rapidement valoir l'accusation de faire le jeu de l'extrême droite. Depuis les dernières élections législatives tout particulièrement, la parole se libère et ce qui était tabou ne semble plus l'être…

2. L'expression est délicate. La « question » ou le « problème » migratoire ? Dans les années 1930 est apparue en Allemagne la « question juive ». On sait maintenant ce que

difficultés liées aux flux migratoires croissants. Qui pourrait le nier ? Il serait inconséquent et irresponsable de le faire.

Comment essaie-t-on de résoudre des problèmes ? En éliminant le migrant qui se présente à nos portes, ou en attaquant les causes qui font que le phénomène migratoire, dans les faits de tous les temps, semble atteindre aujourd'hui des proportions majeures ? Trop souvent, sur les questions sociales embarrassantes, notre société prétend résoudre les problèmes en éliminant ceux qui les portent ou en sont la manifestation, et non les causes qui les provoquent. Cherche-t-on à résoudre les causes profondes des déséquilibres du phénomène migratoire, ou essayons-nous de le camoufler en prenant des mesures de fermeture, de rejet des personnes et d'exclusion ? « Couvrez ce sein que je ne saurais voir », disait le Tartuffe de Molière, manifestant ainsi son hypocrisie. « Cachez ces immigrés que nous ne voulons voir… » Il y a aujourd'hui une

---

portait d'absolument tragique et dramatique cette expression. Les mots ne sont jamais anodins. Il ne s'agit pas de céder au politiquement correct qui souvent ne permet plus d'appeler un chat un chat, mais dans le même temps, il nous faut être précis et attentif à ces questions de langage. L'histoire le montre, les dictateurs et les dictatures commencent toujours par manipuler le langage et le pervertir pour s'assujettir « les masses ».

hypocrisie de la société qui est insupportable. Plus, criminelle.

Une question vive me poursuit. Elle n'est pas oppressante, mais elle aiguise ma conscience quand j'essaie de regarder ce que je vois ou ce dont on me parle : qui peut revendiquer quoi par rapport à la situation qu'il traverse ? N'y aurait-il pas quelque chose d'outrecuidant à penser que je mérite la situation dans laquelle je suis – à la source, il me semble ne pas y être pour grand-chose ? N'y aurait-il pas quelque chose de profondément méprisant et insupportable à penser que « eux », s'ils en sont là, « c'est bien parce qu'ils l'ont cherché » ? La précarité abîme les personnes, leur capacité de discernement et de décision, mais qu'est-ce qui fait qu'elles sont dans la précarité, et moi non ?

C'est paradoxalement ici, je le crois, qu'il faut développer une pensée de la gratitude. Non de la naïveté et de la mièvrerie, mais de la gratitude. « Qu'as-tu que tu n'aies reçu ? » demande l'apôtre Paul[1]. Le fait que je sois né en France de parents français, je n'y suis pour rien. Le fait que j'ai quelques moyens intellectuels que j'ai pu développer dans un environnement familial, culturel et social favorable,

1. Première lettre aux Corinthiens, chapitre 4, verset 7.

non plus. Bien sûr, il y a eu et il y a chaque jour ce consentement à ce que je suis et aux capacités qu'on m'a permis de découvrir en moi, et l'engagement de ma liberté qui murit progressivement pour que se déploie ma vie dans la direction que je crois la plus pertinente (pour dire oui à l'horizon d'une vie, il faut résolument redire oui chaque jour – et les jours où on y renonce, quelque chose de notre humanité recule). Mais cette capacité elle-même ne vient fondamentalement pas de moi. Elle vient du don que je suis (encore une fois, je ne me suis pas donné à moi-même) et de la grâce de Dieu.

« C'est pour que nous soyons vraiment libres que Christ nous a libérés », déclare saint Paul[1]. Pour ma part, je vois bien chaque jour combien ma liberté a besoin d'être libérée pour naître à elle-même, je fais trop cette expérience que saint Paul encore décrit si bien : « Je ne fais pas le bien que je veux faire, je fais le mal que je ne veux pas faire[2]. »

Si je continue ma réflexion, je dois me demander ce qui a permis cela. Qu'est-ce qui a permis à la France d'être ce pays dans lequel il fait bon vivre et dans lequel, sans le décider, je suis né ? Qu'est-ce qui a permis que je profite ainsi d'un système

1. Lettre de saint Paul aux Galates, chapitre 5, verset 1.
2. Lettre de saint Paul aux Romains, chapitre 7, verset 19.

social, éducatif, sanitaire qui, s'il est loin d'être parfait, n'en est pas moins aujourd'hui encore l'un des meilleurs du monde ? Il y a le génie de tant et tant de personnes, l'engagement de tant et tant d'autres, il y a des audaces inattendues, des luttes collectives, des épreuves traversées, un esprit et une âme qui se sont progressivement forgés, et tant d'autres choses.

Je rencontre aussi, au cours de cette réflexion, un pays qui a su tirer les marrons du feu, et profiter d'une position dominante pour servir ses intérêts indépendamment d'un réel souci du bien commun.

La colonisation ne s'est malheureusement pas faite sans l'infantilisation d'un certain nombre de peuples et sans la mise en coupe d'un certain nombre de pays. Il ne s'agit pas de tout rejeter, il s'agit d'essayer de relire pour accueillir le meilleur et tirer les enseignements du moins bon et du pire. Nous ne savons que trop que l'enfer est pavé de bonnes intentions.

Je ne crois pas plus à l'intention philanthropique de l'État qu'à celle de l'entreprise. Nous ne pouvons aujourd'hui que constater le déséquilibre impressionnant et l'injustice des relations internationales, qu'elles soient politiques ou économiques. Ce n'est pas le bien commun qui domine. C'est l'intérêt de celui qui, à un moment donné, est le plus fort.

On entend souvent que les pays africains sont irréformables. Je ne suis pas un spécialiste. Mais je me demande qui en a tracé les frontières. Qui avons-nous formé et dans quelles conditions sommes-nous partis ? L'idéologie anticolonialiste et ceux qui ont pris le pouvoir par la suite ont aussi fait des dégâts et la situation s'est souvent assez vite dégradée. Mais quels moyens leur a-t-on véritablement donnés et comment les y avons-nous préparés ?

Gratitude. La France où je suis né, quoi qu'on en dise et quelles que soient les inquiétudes actuelles, est encore un pays privilégié. La France dont je suis né est belle de tant de choses mais aussi lourde de tant de dominations intéressées et d'humiliations de personnes et de peuples, que l'aimer n'est pas taire ce qui n'a pas été, mais, en désirant poursuivre le meilleur, assumer ses responsabilités.

Quand je rends grâce pour la chance que j'ai, je ne peux alors que vivre cette gratitude sous le mode de l'appel à la responsabilité. La gratitude, en ce qu'elle accueille le meilleur d'une tradition à laquelle jusqu'à ma naissance je n'ai pas participé, en ce qu'elle sait reconnaître que ce meilleur m'a été donné et a été rendu possible aussi en s'appuyant sur des intentions et des actions déshumanisantes vis-à-vis de terres et de peuples qui aujourd'hui frappent à la porte de nos frontières, la gratitude ne se déploie authentiquement que par la responsabilité. Et donc l'engagement résolu au service des personnes migrantes et de leur pays d'origine, tant dans l'action humanitaire d'urgence, que dans le combat pour des législations respectant la dignité de la personne humaine ou dans le plaidoyer pour des actions de justices politiques et économiques internationales conséquentes et dignes de ce nom.

« Qu'as-tu que tu n'aies reçu ? » Je dois le redire : rien. Je ne suis que le fruit d'un don que je n'ai pas décidé. Ma capacité même à habiter ce don, à le déployer, cette liberté qui me permet de devenir qui je suis, aventure jamais terminée, je ne peux que constater que je n'en suis pas la source.

Je n'ai pas plus choisi d'être français que les Érythréens ou Soudanais qui espèrent le passage vers le Royaume-Uni n'ont choisi d'être érythréens ou soudanais. Cet état de fait est un don qui me précède. Il ne peut ainsi en aucun cas être une prérogative défensive. Il devient fondamentalement une responsabilité. Une responsabilité politique de la nation. Une responsabilité personnelle aussi – je ne peux pas seulement déléguer la question aux « politiques » en râlant sur leur incompétence.

Ce qu'on appelle la culture française, dans ce qu'elle a de meilleur, n'est pas d'abord quelque chose à défendre. Elle est une responsabilité. Ce propos est à manier avec beaucoup de précautions, car ladite culture française a aussi trop erré pour ne pas être profondément humble, et il y a encore aujourd'hui une manière de faire la leçon au monde qui n'est pas exempte d'un impérialisme nauséabond. Reconnaître cela n'est pas cependant renoncer au meilleur de la tradition française et à la joie d'appartenir à ce pays. Mais cela m'oblige.

Partager, c'est perdre… ou gagner ?

Partager, est-ce perdre ? L'inconscient collectif semble le penser. Et de fait, s'il nous faut partager avec les personnes exilées qui sont là, c'est autant d'argent qui n'est pas utilisé à autre chose, et peut-être pour les plus démunis de notre pays.

Il y a là une immense hypocrisie. Notre pays ne peut pas vivre économiquement sans l'apport d'une main-d'œuvre étrangère. Celle-ci participe considérablement à la richesse de notre pays, mais nous voudrions qu'elle n'y participe que par des bas salaires de métiers peu qualifiés et que, sinon, elle se taise. Cela m'est intolérable. Que les personnes migrantes respectent les lois du pays où elles travaillent est un devoir, et qu'elles s'intéressent à la culture du pays qui les accueille une nécessité, si elles veulent pouvoir y trouver leur juste place.

Mais trop souvent, dans les faits, nous voulons qu'elles soient transparentes.

Mais admettons que comptablement cela soit vrai : partager, ce serait perdre. Cela comporte une part de vérité. Je ne vois pas comment nous pouvons parler de relations internationales justes et solidaires sans que les pays les plus riches, auxquels la croissance économique a le plus profité et dont l'immigration nourrit l'économie, renoncent au statu quo et prennent le risque d'un niveau de vie moindre ou, en tous les cas, qui ne progresse pas aussi vite qu'espéré.

Il y a sans doute un certain réalisme – entendu ici comme observation de la réalité telle qu'elle se déploie sous nos yeux – à penser que pour s'en sortir il faut « la jouer perso et tirer ses marrons du feu », et que les alliances entre nations sont généralement commandées plus souvent par des intérêts nationaux et particuliers que par des soucis philanthropiques de justice internationale. Et donc, comme on ne veut pas perdre, on ne veut pas partager. On parie encore parfois sur la théorie libérale du ruissellement qui stipule que plus les riches s'enrichissent, plus cela ruisselle vers les plus pauvres. Qui peut y croire encore aujourd'hui, sinon pour justifier son égoïsme ou son inertie ?

« Partager, c'est perdre » est en fait un adage mensonger.

Tout d'abord parce qu'il porte en son fondement un présupposé éminemment contestable : l'individu (car il n'est pas de personne dans ce système de pensée) se réduit à ses avoirs, à ce qu'il possède, à son niveau de vie économique. Je me souviens d'une campagne de publicité d'un grand distributeur, il y a quelques années : « Auchan, la vie, la vraie ! » J'ai été tétanisé par ce slogan. La vie, la vraie vie serait donc de consommer ? Comment oser prétendre cela ? La consommation est une activité importante et nécessaire. Les personnes en exil ne le savent que trop, elles qui ont quitté leur pays parce qu'elles ne mangeaient pas à leur faim ou ne pouvaient mener une vie digne de ce nom. Mais l'inflation de la consommation toujours stimulée par le système technico-libéral ne s'intéresse pas à l'homme. Il cherche des consommateurs. Nul ne peut vivre sans consommer, c'est pourtant la faillite de l'homme que de le réduire à consommer, à ses avoirs et à ce qu'il possède. Le matérialisme marxiste a fait des dégâts dans l'histoire, le matérialisme capitaliste libéral en fait lui aussi, à très grande échelle, de manière d'autant plus efficace qu'elle est plus sournoise[1]. L'homme ne saurait se

1. Dès les années 1970, Vaclav Havel, dramaturge tchèque et futur premier président de la République tchèque de

réduire à ses avoirs et possessions, ni à des besoins artificiellement fabriqués par le marketing de nos sociétés.

Ensuite, prétendre que partager c'est perdre, c'est ouvrir la porte à toutes les violences. Car si tel est le cas, je dois défendre mes avoirs, l'autre est toujours un danger dont je dois me prémunir, et je n'ai d'autre choix possible que d'assurer la sécurité (légitime) de mes avoirs, et pour cela de créer des murs et des barrières (même entre nations), de me replier dans des zones protégées pour « ceux-qui-possèdent » et surtout en ont les moyens. C'est la mort de l'homme qui s'annonce là.

Parce que, enfin, fondamentalement relation et don – tout être humain naît de la relation et du don qui le précèdent, et il se déploie dans la vie et l'être par des relations, des interdépendances et des dons –, la personne humaine qui renonce au partage, de quelque forme qu'il soit, ou qui y est contrainte, se voit progressivement rognée dans ce qui fait son dynamisme fondamental. Il est évident

---

l'après-1989, refusant de céder à la dictature du Parti et à ce titre à plusieurs reprises emprisonné, l'avait pressenti et très bien exprimé. Cf. *Essais politiques*, Éditions du Seuil, 1991. Quelques années après la chute du mur de Berlin, il aura ces mots cinglants : « Nous cherchions la liberté, nous avons trouvé la consommation. »

qu'il faut assurer la sécurité des biens, je ne veux pas prôner ici une anarchie incontrôlée qui mènerait également à la violence. Je sais que la violence traverse le cœur de chacun et que l'État doit organiser la vie sociale de telle sorte que tous respectent tous. Mais affirmer cela ne peut suffire. Il faut aussi rappeler que la propriété n'a de sens qu'à l'horizon du bien commun. Et plus fondamentalement que ce qui fait l'homme, c'est la relation.

Nul ne gagnera en humanité à traiter les personnes exilées comme elles sont traitées. Le matérialisme invasif nous fait passer à côté de notre propre humanité. Les plus pauvres n'ont généralement pas peur de partager, eux qui savent d'expérience qu'une personne humaine ne se réduit jamais à ce qu'elle possède.

Je ne sais pas quels sont les chemins à prendre pour améliorer la situation. Tous doivent s'engager pour le respect de la dignité humaine, à quelque niveau que ce soit. Il y a toujours quelque chose de possible. Bien sûr, les choses n'avanceront vraiment que quand des décisions politiques claires vers la justice et la solidarité internationales seront prises.

Mais il faut affirmer à temps et à contretemps que partager n'est pas perdre. C'est gagner. C'est risquer bien sûr (cela ne peut pas se faire n'importe comment, demande rigueur, cohérence, vérité et justice) mais c'est gagner. Gagner en humanité. Reconnaître à tous une égale dignité. Et construire la Paix.

La solution ne peut pas être le rejet incessant et inhumain des vagues de migrants. Je crois notre humanité capable de ressources et de créativité, contre tous les discours dits réalistes qui ne sont que cyniques, lâches et démissionnaires.

Ceux qui un jour ont marché un peu avec des plus démunis, qui se sont engagés à leur côté, qui ont désiré les servir, ceux-là ont une expérience inoubliable : ils y sont allés parfois avec des peurs, il a fallu qu'ils se bousculent… ils sont revenus habités par la joie, et l'espérance.

À la paroisse Sainte-Bernadette où j'étais curé, je me souviens de ce week-end où durant les messes on devait faire une annonce pour trouver des bras (des regards et des cœurs aussi) pour développer une maraude auprès des personnes vivant dans la rue. Le samedi soir, l'annonce ne porta aucun fruit. La personne qui l'avait faite était très généreuse et engagée, mais le ton moralisateur avait été assez contreproductif. Le lendemain, j'étais un peu inquiet : Charles, aux idées bien arrêtées et au franc-parler parfois incontrôlable, s'avança pour faire l'annonce. Quelle n'a pas été ma surprise de le voir prendre la parole sur un tout autre ton, expliquant qu'il était engagé dans les maraudes depuis plusieurs années et relatant toutes les joies qu'il en recevait. Il a simplement dit combien cela lui apportait. Et invité ceux qui désiraient partager cette joie à le rejoindre. À la sortie de la messe, j'ai pu constater que cette joie avait eu de l'effet : plusieurs personnes sont venues discuter avec Charles et quelques-unes ont franchi le pas.

Un verset du livre de l'Apocalypse me revient à l'esprit : « À l'ange de l'Église qui est à Sardes, écris : Ainsi parle celui qui a les sept esprits de Dieu et les sept étoiles : Je connais ta conduite, je sais que ton nom est celui d'un vivant, mais tu es mort[1]. »

Nous nous croyons vivants. Notre société a trop souvent un goût de mort.

Partager, c'est gagner la vie.

1. Livre de l'Apocalypse, chapitre 3, verset 1.

Pour une nouvelle détermination politique

Celui qui a le plus de pouvoir ou de richesse a le plus de responsabilité et c'est toujours à lui de faire le premier pas. Je me le redis souvent comme évêque, et essaie d'en tirer les conséquences. C'est moi qui d'abord ai à me mettre à l'écoute, à essayer d'écouter mieux, quand bien même mon interlocuteur n'a pas trouvé d'autres mots pour me parler que ceux de la colère. Je suis loin d'y parvenir à chaque fois. Je vois bien qu'il m'arrive de me murer : « C'est moi l'évêque, tout de même. » Je sais que cette posture n'est absolument pas juste. Non seulement elle n'est pas fidèle à Celui dont je voudrais être le serviteur, le Christ Jésus, mais elle est objectivement contre-productive et ne permet jamais de sortir d'une impasse.

La crise des abus dans l'Église peut aussi être lue comme une crise de défaut d'autorité. Devant certaines personnes brillantes et dont l'action pastorale semblait féconde, mais qui sont fondamentalement perverses, des évêques n'ont pas su ou pu exercer leur responsabilité. Certains s'y sont essayés – alors même que le droit canonique ne donnait pas tous les moyens qu'il offre aujourd'hui sur ces questions –, et se sont vus devenir l'objet d'attaques inqualifiables de la part d'autres chrétiens, qui les ont accusés de jalousie, de médiocrité, de refus de la nouveauté et que sais-je encore[1].

Il faut aussi reconnaître que les chrétiens se sont laissés parfois entraîner dans une mauvaise compréhension de la miséricorde, attitude fondamentale de Dieu que le chrétien est appelé à vivre et

1. Il n'est pas possible, dans ces lignes, de donner le nom de l'évêque concerné, mais je me souviens d'un échange avec lui, alors que je n'étais pas encore évêque, concernant l'enquête que Rome lui avait demandée sur une communauté qui avait le vent en poupe dans certains milieux catholiques. Il avait très bien perçu et signalé, avant même que l'affaire n'éclate au grand jour, les graves anomalies de la gouvernance de la congrégation en question. Cela lui a valu, tant de la part des familles de jeunes engagés dans ces communautés que d'un certain nombre d'autres chrétiens, des lettres d'insultes d'une agressivité incroyable et somme toute bien difficiles à recevoir.

que les papes Benoît et François nous ont invités à redécouvrir. Il s'agit de cet « amour d'entrailles » dont parlent les Saintes Écritures. Cet amour qui, pour les chrétiens, trouve son expression plénière en Jésus, vrai Dieu et vrai homme, tout particulièrement dans l'expérience de la Croix qui est comme la récapitulation de toute sa vie.

Au nom de la miséricorde – mais d'une miséricorde frelatée –, il faudrait tout accepter. Sans oser même chercher à qualifier ce qui pourrait être bien ou mal. Certains ainsi au nom de la miséricorde pensent que l'on doit tout accepter en matière relationnelle, institutionnelle, éducative, sexuelle, d'accompagnement de la vie ou de recherche, et que l'on doit autoriser toutes les expériences sociales. Cela m'est incompréhensible. Une telle posture vise progressivement à renoncer à toute parole prophétique, à toute prise de parole contestataire. La miséricorde se noie dans l'esprit de tolérance mal compris au nom duquel on n'ose plus rien dire, au nom duquel il devient suspect de poser certaines questions. « Amour et vérité se rencontrent », dit le psaume 84, « justice et paix s'embrassent ». La miséricorde n'est pas la complaisance avec tout et n'importe quoi, elle n'est pas le renoncement à la vérité ou à la dignité qu'exige la fraternité. La douceur n'a pas grand-chose à voir avec la mollesse et se marie très bien, au contraire, avec la fermeté.

Au nom de son amour, Dieu n'a pas peur de reprendre vertement son peuple quand il erre et s'engage dans des chemins de mort (il n'est qu'à lire les prophètes dans la Bible pour s'en rendre compte à presque toutes les pages) et, en Jésus, il dénonce avec vigueur les complicités de mort de ses interlocuteurs.

Je répète à l'envi que notre mission n'est pas de faire plaisir aux gens, mais de les aimer. Aimer appelle de faire plaisir, autant qu'il est possible. Mais, tous les parents le savent et certains m'ont dit que c'était pour eux le plus difficile de la mission éducative, il faut aussi en certaines occasions savoir dire non.

Il faudrait relire et travailler tout ce que Jésus dit sur la correction fraternelle, cette qualité de relation fraternelle[1] qui, parce que j'aime mon frère ou ma sœur, me fait la grâce de chercher avec lui ou elle la justice et la vérité, conditions nécessaires à la charité et à la vie. C'est parce que je t'aime que je me risquerai, après réflexion, prière et éventuellement prise de conseils, à te

1. Cf. Évangile selon saint Matthieu, chapitre 18, versets 15 à 18.

dire que le chemin sur lequel tu es me semble un chemin de mort, si je crois que c'est un chemin de mort, pour toi et pour d'autres.

J'ai la conviction que le mal que nous faisons ne nous laisse jamais indemnes et nous abîme, beaucoup plus profondément que ce que nous pensons. Il abîme notre espérance, notre confiance en nous-mêmes et dans les autres, il attaque par l'intérieur les idéaux que nous pourrions encore avoir.

Il me semble que le monde a besoin de prophètes qui n'ont pas peur d'oser une parole qui, si elle dénonce et accuse, vise à bâtir et à reconstruire un avenir pour tous[1]. Je crois même que c'est tenir en très haute estime la démocratie et la politique (et donc avec elles tous les hommes et les femmes engagés dans des responsabilités politiques) que d'oser une parole forte, quand bien même elle est difficilement reçue et ne flatte pas spontanément l'électorat.

Le politique peut-il reprendre un peu la main sur l'économie ? Les grandes puissances doivent-elles

1. « Puis le Seigneur étendit la main et me toucha la bouche. Il dit : "Je mets dans ta bouche mes paroles ! Vois : aujourd'hui je te donne autorité sur les nations et les royaumes, pour arracher et renverser, pour détruire et démolir, pour bâtir et planter" ». Livre du prophète Jérémie, chapitre 1, versets 9 et 10.

sans cesse fermer les yeux sur le jeu intéressé, exploiteur et corrupteur de certains ?

Les nations dites « développées » peuvent-elles reconnaître que l'histoire leur attribue une responsabilité supplémentaire pour réparer ce que des siècles ont pu favoriser en termes de déséquilibres et d'effets déstructurants, profondément injustes et inégalitaires ? Nous avons aujourd'hui une grande responsabilité sur la scène internationale.

Les nations occidentales comme celles d'autres continents qui les rejoignent ou les dépassent en termes de développement, de richesses et d'influence ont renoncé à la redistribution équitable des richesses. Il se pourrait que la migration – au prix malheureusement de trop de souffrances et de malheurs – compense pour une part cette démission.

Parce qu'il y a démission.

Je m'interroge sur la sincérité du discours des responsables politiques, qu'ils soient en position de gouverner ou non, sur ces sujets. De belles déclarations ne font pas une action. Le budget consacré à la solidarité internationale baisse régulièrement depuis plusieurs années[1] dans la plupart des pays dits

1. L'année 2022, à cause de la guerre en Ukraine, inverse de manière exponentielle la tendance. Il nous faut espérer que

riches. Je sais qu'il y a des contraintes. Mais existe-t-il encore une volonté politique réelle ?

Le principe démocratique – mais aujourd'hui je n'en vois pas de meilleur – marque ici une grande limite. Les gouvernants sont pris par le désir de se faire réélire – qui pourrait les en blâmer, sinon ceux qui n'ont jamais exercé un mandat au service d'une collectivité ou d'une mission ? – et sont en partie prisonniers de l'opinion publique de leur pays. Cette opinion quant à elle, pour mouvante qu'elle soit – et malheureusement pour ce qui est des personnes exilées elle se durcit –, se forge au confluent de multiples influences dont elle n'a pas toujours conscience, et est assez manipulable.

Ainsi, oser explicitement la solidarité internationale veut dire pour un responsable politique prendre le risque d'être désavoué par son électorat et d'être renvoyé de sa charge.

Le peuple n'a pas envie de perdre de son confort. Partager la richesse économique, c'est potentiellement perdre en niveau de vie. Insécurisé, il pense souvent l'altérité de l'autre comme un défi déstructurant et déstabilisant et ne veut pas en courir le risque. Lui-même se débat dans de grandes difficultés

---

cette situation n'aura pas pour conséquence de réduire l'aide actuelle aux pays les plus pauvres.

(personnelles, sanitaires, familiales, économiques, sociales, etc.) et ne se sent plus les épaules assez solides pour en porter plus. Autant d'arguments qui peuvent s'entendre (et bien d'autres), même s'il faudrait en vérifier les fondements dont certains peuvent être contestables. Pourtant, peut-on en rester là ? Cela me paraît impossible.

En 1981, M. Mitterrand a été élu président de la République française. J'étais en classe de terminale, dans le lycée public des Mureaux. Je n'ai pas voté à ces élections (je n'étais pas majeur) mais je me souviens de quelques débats vifs. Ce n'était pas rien. Le mur de Berlin n'était pas encore tombé et la guerre froide était toujours d'actualité. L'alliance des socialistes avec les communistes encore alignés sur Moscou faisait très peur à certains. En même temps s'exprimait le désir d'un souffle nouveau que 1968 avait pu laisser espérer mais qui semblait s'être quelque peu éteint.

Le nouveau gouvernement mis en place, sous la responsabilité de M. Mauroy, dut assez vite revenir de quelques engouements premiers (notamment énoncés en termes de solidarité nationale et d'ouverture internationale) vers un certain réalisme et une plus grande rigueur économique et sociale. La déception fut le lot d'un certain nombre de personnes qui avaient espéré et soutenu ce genre de changement. Cependant, je me souviens d'un acte politique fort qui m'a beaucoup marqué. Contre la majorité des Français qui y était favorable, le président Mitterrand fit voter l'abolition de la peine de mort. Dans ma mémoire, c'est l'un des derniers actes forts et libres posés par une personnalité politique dans notre pays.

De tels actes sont-ils résolument du passé ? Pourquoi seraient-ils impossibles aujourd'hui ?

Comment restaurer la maturité politique d'un peuple et l'aider à faire face à la réalité telle qu'elle se présente ? Comment l'aider à ne pas abdiquer sa dignité, en refusant l'inacceptable, fût-ce au prix d'un certain nombre de renoncements ou de sacrifices ?

C'est sans doute l'une des difficultés d'hommes et de femmes politiques profondément sincères et qui s'engagent avec conviction, mais qui, avançant dans l'exercice de la responsabilité politique entre « réalisme » et « revendications de la base », de compromis (nécessaires et légitimes) en compromissions (quand le compromis devient démission), perdent le sens de ce qui les avait mus vers la responsabilité politique.

Je ressens personnellement cela comme évêque.

Je comprends combien le responsable politique le plus généreux et audacieux sur les questions de la migration n'aura que très peu d'écho s'il n'a pas le soutien d'un peuple.

Cependant, n'y a-t-il pas une dimension prophétique qu'à sa manière, le politique, c'est-à-dire le service de la cité, doit retrouver et assumer ?

Ouverture

Lors de mon arrivée dans le Pas-de-Calais, je suis allé rencontrer un certain nombre de personnalités du monde institutionnel, militaire, politique, juridique et social.

L'une d'entre elles, un homme connaissant très bien le dossier car il y était engagé au nom de l'État, alors que je lui demandais s'il y avait une solution à la crise de Calais, m'a très clairement répondu : « À vue humaine, non. » Cela ne l'empêchait pas de continuer son action, mais le diagnostic était clair.

Beaucoup de personnes rencontrées partagent ce diagnostic. Et pourtant elles continuent leur action.

Reconnaître que nous ne sommes pas tout-puissants ne signifie pas que nous sommes impuissants. Et si ce que nous pouvons et ce que nous faisons paraît dérisoire, cela a pourtant du sens.

Tout acte bon a toujours un sens, disait Vaclav Havel, qui refusa un jour de se mentir à lui-même et de céder à la peur par laquelle le Parti et l'État voulaient l'asservir et le contraindre à la résignation[1].

Nous ne sommes pas faits pour survivre mais pour vivre. C'est la fine pointe de l'Évangile. La question que pose l'Évangile n'est pas seulement celle de la vie éternelle comme avenir, mais celle de la vie éternelle comme puissance de vie et chemin dès aujourd'hui[2].

Si nous ne pouvons pas nous projeter dans des solutions magiques, nous ne savons pas ce que le pas que nous faisons, même de nuit, même apparemment ridicule, pourra produire. La tectonique des plaques est de ce point de vue très instructive. Notre terre bouge. Ce sont le plus souvent des « nanodéplacements » que seuls des matériels très sophistiqués peuvent repérer. Pourtant, de nanodéplacements en nanodéplacements, voilà que surgissent parfois des tremblements de terre ou des

1. Cf. *Essais politiques*, *op. cit.* et plus spécialement les développements sur « la vie dans la vérité ».

2. Cf. Maurice Bellet, *La Quatrième Hypothèse*, Desclée de Brouwer, 2001.

tsunamis. Des nanodéplacements provoquent des macrobouleversements.

Est-il si stupide de croire à la tectonique de la charité ? Devons-nous nous replier dans des postures de défense, de déni et d'exclusion, ou un autre chemin est-il possible ? Si chacun assume ce qu'il peut, du petit geste passager ou quotidien, au déploiement de plaidoyers pertinents, de l'échange refusant les propos simplistes à l'action associative, politique ou institutionnelle, la condamnation dans laquelle nous voudrions nous enfermer est-elle inéluctable ?

Dans la lettre qu'il a fait lire dans toutes les églises de son diocèse le 23 août 1942, Mgr Saliège demandait : « Pourquoi sommes-nous des vaincus ? » Il faisait peut-être référence à la capitulation devant les Allemands. Il me semble en fait que c'est d'autre chose qu'il parlait : la défaite morale et spirituelle à laquelle trop se résignaient à l'époque, et qui permettait tant à l'occupant qu'aux forces de Vichy de mettre en œuvre une politique raciale criminelle.

Pourquoi sommes-nous des vaincus ? La question se pose évidemment aujourd'hui. Quant à la réalité migratoire et à tant d'autres questions.

Personnellement, comme catholique, je crois que le Christ a remporté la victoire sur la Croix. Dans une toute-puissance tout à fait paradoxale, par sa mort il a vaincu la mort et par sa résurrection il a renouvelé la vie. Je crois qu'il reviendra dans la gloire et qu'un jour tout sera récapitulé en lui, ressaisi dans l'amour. Cette espérance ne me désengage pas du réel, au contraire, elle m'invite à m'y engager comme le Christ s'y est engagé, dans la grâce de l'Esprit saint, à fond, sans retenue, pour la gloire du Père, le salut et la joie du monde.

Nous connaissons sans doute tous, au moins par allusion, le récit des noces de Cana[1], la scène fameuse de l'eau changée en vin. C'est une jeune femme qui m'a donné, alors qu'avec son fiancé nous préparions leur mariage en nous arrêtant sur quelques textes bibliques, de repérer quelque chose que je n'avais jamais vu auparavant. Resituons la scène. Jésus est invité à des noces. Avec ses disciples. Et sa mère est là. « Ils n'ont plus de vin », rapporte Marie à son fils. La réaction de Jésus semble friser l'indifférence voire le mépris (à y regarder de près, elle est d'une grande profondeur théologique et spirituelle). Marie n'en est nullement contrariée. Juste avant de disparaître de la scène, elle dit simplement aux serviteurs : « Faites tout ce qu'il vous dira. » Jésus alors de leur dire : « Remplissez d'eau ces jarres. »

1. Évangile selon saint Jean, chapitre 2, versets 1 à 11.

C'est là que cette fiancée tint à peu près ces propos. De manière très convaincue, elle déclara : « Moi, si j'étais à la place des serviteurs, jamais je ne remplirais d'eau ces jarres. Car le problème n'est pas qu'on manque d'eau mais de vin. Et vous, vous connaissez l'issue de l'épisode, mais les serviteurs non. Jésus n'a rien annoncé, il n'a même pas fait quelques gestes ou prononcé quelques formules ésotériques sur ces jarres. Alors, non je ne remplirais pas ces jarres. Ce que Jésus demande ici est complètement à côté de la question et dérisoire dans la situation telle qu'elle se présente. S'il ne s'agissait que de remplir les jarres, à la limite pourquoi pas, je compte bien être payée à la fin de la journée. Mais là Jésus précise qu'il faut les porter au maître du repas. Or, il n'y a que de l'eau dans des jarres. Le maître du repas risque de partir dans une colère dont je ne veux pas faire les frais. Non, si j'étais serviteur, je ne remplirais pas d'eau ces jarres. »

Cette réflexion a porté sur cette scène un éclairage nouveau extrêmement fécond. Je lui suis très redevable. L'action demandée par Jésus est complètement à côté de la situation. Remplir d'eau des jarres. On n'a jamais vu de l'eau changée en vin. Cela est dérisoire. Ridicule. Il en est apparemment ainsi de tellement de nos actions en faveur des personnes exilées et d'une société plus juste et fraternelle. Le défi est énorme. C'est fondamentalement un défi de politique, d'économie et de justice internationales d'une part, et de respect de la dignité inaliénable de la personne humaine quoi qu'il arrive d'autre part. Les deux ensemble. Ce qui se fait paraît tellement peu proportionné à ces défis. On pourrait être tenté de baisser les bras.

Ce qu'il nous faut noter cependant, c'est que Jésus n'a pas voulu poser le geste de Cana sans y associer des serviteurs. Il ne leur a pas demandé l'impossible. Jésus ne nous demande jamais l'impossible. Il leur a demandé ce qui était à leur portée. Il les a convoqués au possible. Jésus ne nous demande pas l'impossible. Jamais. Cependant, il ne nous infantilise pas, il nous convoque au possible et nous demande de l'assumer avec détermination, quand bien même cela paraîtrait dérisoire par rapport à la situation vécue.

Et parce que sur la parole du Maître les serviteurs ont assumé le possible sans prétendre à l'impossible, sans non plus se résigner au fatalisme, l'inouï a jailli, du meilleur vin pour tous, et en abondance.

À nous le possible, à Dieu l'impossible. Engageons-nous tous sur les chemins du premier. Je sais personnellement que Dieu y marche déjà avec nous. Et pour l'impossible, je lui fais confiance.

Mes remerciements chaleureux à Salomé Viaud, des éditions du Seuil, qui a su me convaincre de me lancer dans cette aventure et m'y a accompagné avec patience et compétence. Sans elle, ces pages n'auraient jamais vu le jour.

RÉALISATION : NORD COMPO À VILLENEUVE-D'ASCQ
ACHEVÉ D'IMPRIMER SUR ROTO-PAGE
PAR L'IMPRIMERIE FLOCH À MAYENNE
DÉPÔT LÉGAL : OCTOBRE 2022. N° 150536-02 (101424)
IMPRIMÉ EN FRANCE